Beate Hilbig

Häkeln kinderleicht

Häkeln lernen – jetzt ganz einfach

> **Hallo,** ich bin dein lustiger Wollknäuel. Immer, wenn du mich auf den Seiten entdeckst, verrate ich dir Tipps und Tricks rund ums Häkeln!

VORWORT 3

KLEINE MATERIALKUNDE 4

MIT WOLLE SPIELEN 6
Kordeln drehen 6
Bonbongläser 7
Kette und Armband 8
Pompons 9
Pompon-Wurm 10
Pompon-Schmuck 11
Scoubidou mit Wolle 12
Serviettenring 12
Freundschaftsbänder 13
Schlüsselanhänger 14
Quasten 15
Quastenengel 16
Tasche mit Quasten 17

HÄKELN GANZ EINFACH 18
Luftmaschen 18
Nützliches für den Schreibtisch 20
Feste Maschen häkeln 22
Topflappen 23
Tischset mit Kerzenschalen 24
Kuschelkissen 25
Tasche mit Handy-Täschchen 26
Stäbchen häkeln 28
Wollige Accessoires 29
Warmer Schal und Stirnband 30
Gittermuster 31
Blümchen-Gardine 32
Noppen häkeln 34
Eierwärmer-Monsterchen 35

ZUNAHME UND ABNAHME 36
Zunahme und Abnahme
bei festen Maschen 36
Zunahme und Abnahme
bei Stäbchen 37
Täschchen 38
Wandbehang mit Taschen 40
In Runden häkeln 42
Glasuntersetzer 44
Zwei Mützen 45
Bikini 46
Jonglierbälle 48
Hüfttuch 49
Mimi-Maus 50
Mini-Model 52
Blümchen-Schmuck 54
Pulswärmer und Stulpen 56

FARBEN 58
Farbwechsel bei festen
Maschen und Stäbchen 58
Kleine Henkeltasche 59
Kirschkernsäckchen 60
Wärmflaschenbezug 62
Schirmmütze 63
Luftiges Top 64
Tolle Dosen 66
Kunterbunte Raupe 68

FORMEN 70
Formen einhäkeln 70
Weihnachtskugeln 71
Knöpfe überziehen 73
Knöpfe 75

AUSARBEITUNG 76
Häkelteile beenden 76
Häkelteile verbinden 77
Verschlüsse und
Verzierungen 78

VORLAGEN 80

IMPRESSUM 80

Häkeln kinderleicht

Wer meint, Häkeln sei altmodisch und total out, der irrt sich ganz gewaltig. Wolle und Häkelnadel sind schon seit einiger Zeit aus Omas Wollkörbchen gefallen und mitten im Heute gelandet. Häkeln ist hip, trendy und ziemlich cool.

Hier in diesem Buch wollen wir dir zeigen, dass Häkeln eine tolle Technik ist, mit der sich schnell und einfach tolle Ideen verwirklichen lassen. Es gibt Nützliches, Modisches oder Dekoratives. Wer noch nie mit Wolle zu tun hatte, kann hier das Material auf einfache und spielerische Weise kennenlernen. Wir machen Quasten und Pompons, drehen Kordeln und knüpfen Scoubidous. Das macht Spaß, weil dabei kleine lustige Dinge entstehen. Diese Techniken lassen sich später auch super mit gehäkelten Modellen verbinden.

Die Technik des Häkelns erlernst du in einzelnen Schritten. Du findest ausführliche Erklärungen und anschauliche Zeichnungen, damit du alles genau nacharbeiten kannst. Zum Üben gibt es ganz einfache Modelle mit leicht verständlichen Anleitungen, damit sich das Gelernte sofort in ein schönes Modell umsetzen lässt.

Außerdem haben wir in zahlreichen Tipps praktische Hinweise und viel Wissenswertes über das Häkeln zusammengetragen, sodass du am Ende ein richtiger kleiner Häkelprofi sein wirst. Dann sagst bestimmt auch du: „Häkeln ist echt cool!"

Viel Spaß und gute Häkellaune wünscht dir

ZUBEHÖR, DAS DU IMMER GRIFFBEREIT HABEN SOLLTEST

Diese Materialien werden in den speziellen Materiallisten nicht mehr extra aufgeführt:

- Eine spitze Schere, damit du einzelne Garnfäden gut abschneiden kannst. Vorsicht, Verletzungsgefahr!
- Ein Maßband, um die Größe der Häkelteile zu kontrollieren.
- Einige Stecknadeln, um z. B. Häkelteile vor dem Zusammennähen zusammenzustecken.
- Dicke stumpfe Wollnadel zum Zusammennähen von Häkelteilen.
- Dünnere Nähnadeln zum Aufnähen von Perlen oder Knöpfen.

Häkelnadeln

Häkelnadeln gibt es aus unterschiedlichen Materialen und in vielen verschiedenen Stärken. Die meisten Häkelnadeln sind aus Stahl gefertigt und deshalb außerordentlich stabil, damit sie während des Häkelns nicht abbrechen können. Sehr dicke Häkelnadeln sind dagegen aus Plastik gemacht, damit sie nicht zu schwer sind und so ein leichtes Arbeiten ermöglichen. In der Regel werden Häkelnadeln bis zur Stärke von 2,5 als **Garnhäkelnadeln**, Häkelnadeln ab der Stärke 2,5 werden als **Wollhäkelnadeln** bezeichnet.

Die Stärke einer Häkelnadel wird in Millimeter angegeben, d. h., eine Nadelstärke von 4 bedeutet, dass der Durchmesser der Häkelnadel 4 mm beträgt.
Bei Wollhäkelnadeln bis zur Nadelstärke 7 sind die Abstände jeweils 0,5 mm, ab der Nadelstärke 7 sind die Abstände 1 mm.

Wolle

Wolle, auch Garne genannt, gibt es in vielen verschiedenen Qualitäten. Es gibt glatte gleichmäßige Garne, die leicht zu häkeln und dadurch für Anfänger besonders geeignet sind. Flauschgarne sind weich und wirken kuschelig. Tolle Effektgarne mit abstehenden Härchen oder kleinen Noppen ergeben ein lebendiges Maschenbild. Sie sind etwas schwieriger zu häkeln. Solche Garne solltest du erst dann verwenden, wenn du ein bisschen Übung im Häkeln hast.

Jeder Knäuel hat ein Umband, auch Banderole genannt, auf dem du verschiedene Angaben findest. Sie helfen dir bei der Auswahl der richtigen Wolle:

> Ganz praktisch ist es, wenn du die Häkelnadeln und das Zubehör in einer schönen Schachtel oder in einem Körbchen aufbewahrst. Dann hast du stets alles griffbereit und du musst nicht erst lange suchen.

- Die genaue Zusammensetzung des Garnes in Prozentanteilen. Ein Garn kann aus Baumwolle, Schurwolle, Viskose, Seide, Synthetik oder einer Mischung aus zwei oder mehreren Bestandteilen sein.

- Die empfohlene Häkelnadelstärke.

- Die Farbnummer und die Farbpartie-Nummer. Wenn mehrere Knäuel benötigt werden, solltest du darauf achten, dass alle Knäuel dieselbe Farbpartie haben. Bei unterschiedlichen Farbpartien können kleine Farbabweichungen auftauchen, die später sichtbar sind.

- Die Lauflänge (= LL) des Garnes, d. h., wie viele Meter Garn auf den Knäuel gewickelt sind.

- Eine Maschenprobe. In der Regel ist in den Anleitungen zu den Modellen immer eine Maschenprobe angegeben, die du für dein Häkelmodell während des Häkelns beachten solltest. (Näheres zur Maschenprobe: siehe Seite 22)

- Pflegehinweise

> Die Abkürzung Fb bei den Materiallisten gibt die Farbnummer der Wolle an.

Wenn du Wolle noch nicht kennst, kannst du dich hier mit diesem Material vertraut machen. Du kannst ein bisschen ausprobieren, wie sich Wolle anfühlt und wie sie sich verarbeiten lässt.

Kordeln drehen

Kordeln heißen auch gedrehte Schnüre. Sie sind einfach und schnell angefertigt und lassen sich vielfältig verwenden.

So geht's

1 Zuerst werden Fäden zugeschnitten. **Als Faustregel gilt:** die Länge der Fäden sollte mindestens 2¼ -mal so lang sein wie die fertige Kordel. Die Fäden der Länge nach zu einem Bündel zusammenlegen und die Fadenenden jeweils miteinander verknoten.
Nun das eine Ende des Fadenbündels z. B. um einen senkrecht befestigten Stab oder Bleistift legen, die Fäden spannen und am anderen Ende ebenso einen Stab oder Bleistift zwischen die Fäden legen. Die Knoten liegen sich genau gegenüber. Nun die Fäden des Bündels in eine Richtung ineinander verdrehen.

Achtung!
Die Fäden werden während des Drehens immer straffer. Du musst das Ganze dann lockerer halten. Je mehr du die Fäden ineinander verdrehst, desto fester wird die Kordel.

Als Stab lässt sich z.B. der Stiel eines Kochlöffels verwenden. Ganz einfach ist es aber auch, die Fäden um eine Türklinke zu legen.

2 Wenn die Kordel die gewünschte Festigkeit hat, das Ende des Fadenbündels, welches gedreht wurde, an der gegenüber liegenden Seite ebenfalls befestigen. Dabei die Kordel in der Mitte fassen und spannen, damit sie sich nicht eindreht. Dadurch wird vermieden, dass sie sich unregelmäßig eindreht.

3 Nun von der Mitte aus die eingedrehten Fäden schrittweise lockern, sodass sich die Kordel eindrehen kann. Es entsteht eine geschlossene und eine offene Seite. Die Fadenenden der offenen Seite von der Befestigung streifen und miteinander verknoten. Die überstehenden Fäden gleichmäßig zurückschneiden, sodass kleine Fransen entstehen.

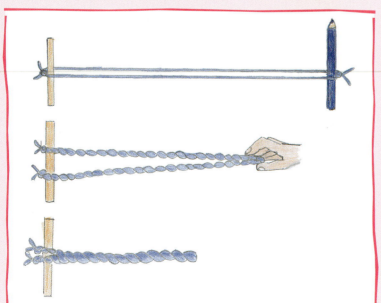

Je nachdem wie du die Kordel verwendest, kannst du die geschlossene Seite ebenfalls verknoten und die Fäden aufschneiden. Dann sehen beide Kordelenden gleich aus.

GRÖSSE
ca. ø 8,5 cm,
7 cm bzw. 12 cm hoch

MATERIAL FÜR ALLE GLÄSER
- Schachenmayr Catania in Rot (Fb 115) und Orange (Fb 189), Reste
- Schachenmayr Catania in Zitrone (Fb 204) und Sonne (Fb 208), Reste
- Schachenmayr Catania in Pistazie (Fb 236) und Maigrün (Fb 170), Reste
- 3 Rohholzkugeln, durchgebohrt, ø 3 cm
- Marmeladenglas, ø 8,5 cm, 12 cm hoch
- 2 Marmeladengläser, ø 8,5 cm, 7 cm hoch
- Filzstift in Schwarz
- UHU Alleskleber

Bonbongläser

1 Für jedes Glas in den entsprechenden Farben je vier Fäden von je ca. 4,10 m Länge abschneiden. An beiden Enden verknoten und zur Kordel drehen. Das offene Ende so verknoten, dass ca. 5 cm lange Fäden stehen bleiben.

2 Dann die Holzkugel auf die Kordel ziehen und diese bis an den Knoten schieben.

3 Nun den Deckel des Marmeladenglases mit Klebstoff bestreichen und mit der Kordel bekleben. In der Mitte mit dem Aufsetzen der Holzkugel beginnen und die Kordel spiralförmig nach außen führen. Auch den Deckelrand bekleben. Alles gut trocknen lassen.

4 Zuletzt auf die Holzkugel ein kleines Gesicht aufmalen.

Bei sehr langen Kordeln sollte dir jemand helfen. Sollte einmal niemand zur Verfügung stehen, so kannst du dir helfen, indem du ungefähr auf der halben Strecke zum festgebundenen Kordelende einen Stuhl stellst. Wenn du die Kordel zusammenlegst, um sie einzudrehen, führst du die gedrehten Fäden um die Stuhllehne und befestigst das zweite Kordelende. Danach kannst du die gedrehten Fäden genau zur Hälfte legen und die Kordel schrittweise eindrehen.

Kette und Armband

GRÖSSE
Kette ca. 45 cm lang
Armband ca. 15 cm lang

MATERIAL FÜR BEIDE MODELLE
- Schachenmayr Catania Color in Clown (Fb 82), Rest
- 8 Holzperlen in verschiedenen Farben, ø 1,5 cm
- 2 Herz-Perlen in Rot, ca. 2 cm x 2 cm
- 2 Schmuckverschlüsse mit Quetschhülsen
- spitze Zange

Kette

1 Zwei Fäden von je ca. 1,15 m Länge abschneiden, an beiden Enden verknoten und zur Kordel drehen.

2 Fünf Schmuckperlen und eine Herzperle auffädeln. Die Kordelenden in die Quetschhülsen des Verschlusses schieben und mit der Zange zusammendrücken.

3 Den Knoten abschneiden. Die Perlen mit etwas Klebstoff an der Kordel fixieren.

Armband

1 Vier Fäden von je ca. 40 cm Länge abschneiden, an beiden Enden verknoten und zur Kordel drehen.

2 Drei Schmuckperlen und eine Herzperle auffädeln. Die Kordelenden in die Quetschhülsen des Verschlusses schieben und mit der Zange zusammendrücken. Den Knoten abschneiden.

Kordeln sind oft zu dick, um durch ein Nadelöhr gezogen zu werden. Um Perlen auf Kordeln zu ziehen, kannst du durch das geschlossene Ende der Kordel ein ca. 10 cm langes Stück dünnen Draht stecken. Den Draht doppelt legen und leicht ineinander verdrehen. Fertig ist deine Nadel. Nun kannst du die Perlen auffädeln und anschließend den Draht wieder entfernen.

Pompons

Pompons sind witzig, lustig und verspielt. Gerne werden sie als schmückendes Extra z. B. an Mützen, Schals oder Taschen verwendet. Du kannst sie aber auch in kleine, drollige Tiere verwandeln.

So geht's

1 Zuerst aus einem Stück fester Pappe eine Schablone in der gewünschten Größe anfertigen. Eine Schablone besteht aus zwei Pappscheiben, die genau aufeinander passen müssen. Der Durchmesser der Scheiben entspricht der Größe des fertigen Pompons. Aus der Mitte der Scheiben jeweils ein rundes Loch schneiden. Das Loch sollte nicht zu klein sein, damit der Pompon schön dicht wird. **Als Faustregel gilt:** der Durchmesser des inneren Loches misst ca. $1/3$ des Durchmessers der Scheibe.

2 Die Pappscheiben genau aufeinander legen und kreisförmig mit der gewünschten Wolle umwickeln. Hierfür kannst du z. B. mehrere lange Fäden auf eine dicke Wollnadel fädeln. Das geht schneller, als wenn du nur mit einem Faden arbeitest. Die Pappscheiben so lange umwickeln, bis die Nadel nicht mehr durchgestochen werden kann.

3 Die Fäden an den Kanten entlang mit einer spitzen Schere aufschneiden. Sind alle Fäden aufgeschnitten, die freiliegenden Pappscheiben etwas auseinander schieben. Die Fäden mit einem langen Faden fest umwickeln und mit zwei festen Knoten abbinden. Dann die Pappscheiben aufschneiden und entfernen. Den Pompon gleichmäßig rund schneiden. Fertig!

Ein so genanntes Pompon-Set aus Plastik gibt es im Fachhandel zu kaufen. Wenn du viele Pompons machen möchtest, lohnt sich so ein Pompon-Set auf alle Fälle. Das Set besteht aus verschieden großen Plastik-Halbscheiben, die sich zu Schablonen zusammenstecken lassen. Damit kannst du schnell und bequem Pompons herstellen.

Pompon-Wurm

Körper

1 Aus der Pappe fünf Schablonen anfertigen. Pro Schablone zuerst zwei Scheiben von je ø 4,5 cm ausschneiden.

2 Danach aus den Scheiben mittig je einen kleinen Kreis von je ø 2 cm ausschneiden. Je einen Pompon in Flieder, Gelb, Rosa, Hellgrün und Pink anfertigen.

Kopf

1 Für die Schablone zuerst zwei Scheiben von je ø 6 cm ausschneiden. Danach aus den Scheiben mittig je einen kleinen Kreis von ca. ø 2,5 cm ausschneiden. Einen Pompon in Hellgelb anfertigen. Während des Umwickelns, bevor der innere Kreis ganz geschlossen ist, den Chenilledraht so einlegen, dass die Mitte des Drahtes im Zentrum des Pompons liegt.

1 Zwei ca. 45 cm lange, hellgelbe Fäden abschneiden und an einem Fadenende verknoten. Auf den doppelten Faden die Pompons des Körpers gemäß der Abbildung auffädeln. Zuletzt den Kopf auffädeln.

3 Die Fäden am Kopf so verknoten, dass der Knoten möglichst dicht an der Mitte des Pompons liegt. Mit den überstehenden Fäden kann der Wurm aufgehängt werden.

4 Die Augen aufkleben und den Chenilledraht in Form biegen.

GRÖSSE
ca. 23 cm lang
Pompon ca. ø 4,5 cm
bzw. 6 cm

MATERIAL
- Schachenmayr Rosato in Hellgelb (Fb 21), Gelb (Fb 22), Rosa (Fb 35), Pink (Fb 36), Flieder (Fb 42) und Hellgrün (Fb 72), je 50 g
- 2 Wackelaugen, ø 1 cm
- Chenilledraht in Dunkelgrün, ø 9 mm, ca. 20 cm lang
- feste Pappe, ca. 20 cm x 25 cm oder Pompon-Set
- UHU Alleskleber

Pompon-Schmuck

Kette

1 Aus der Pappe drei Schablonen anfertigen. Pro Schablone zuerst zwei Scheiben von je ø 3,5 cm ausschneiden. Danach aus den Scheiben mittig je einen kleinen Kreis von je ø 1 cm ausschneiden. Je einen Pompon in Orange, Pink und Gelb-Pink meliert anfertigen.

2 Den melierten Pompon auf den Schmuckdraht fädeln. Auf beiden Seiten des Pompons je eine Quetschperle fädeln und den Pompon mittig mit den Quetschperlen fixieren. Dafür die Quetschperlen so dicht wie möglich zur Mitte des Pompons schieben und mit der Zange fest zusammendrücken.

3 Danach auf der rechten Seite eine Quetschperle, den pinkfarbenen Pompon und eine weitere Quetschperle, auf der linken Seite eine Quetschperle, den orangefarbenen Pompon und eine Quetschperle fädeln. Die Pompons auf beiden Seiten ca. 3 cm vom mittleren Pompon entfernt mit den Quetschperlen fixieren.

4 Nun den Federring-Verschluss anbringen. An einer Seite eine Quetschperle und dann den Spaltring des Verschlusses auf den Schmuckdraht fädeln.

5 Nun den Schmuckdraht noch einmal durch die Quetschperle fädeln, sodass der Spaltring durch eine Schlinge festgehalten wird. Die Quetschperle mit der Zange zusammendrücken. Den Verschluss auf der gegenüberliegenden Seite genauso anbringen.

> Bei sehr kleinen Pompons solltest du darauf achten, dass du dünne Wolle verwendest, damit der Pompon schön dicht wird. Ist die Wolle zu dick, dann sieht man die abgebundene Stelle und der Pompon wird dadurch nicht richtig rund.

Anstecknadel

1 Eine Schablone wie bei der Kette beschrieben ausschneiden und einen Pompon in Gelb-Pink meliert anfertigen.

2 Den Pompon auf die Anstecknadel kleben.

Haarspange

1 Drei Schablonen wie bei der Kette beschrieben ausschneiden und je einen Pompon in Orange, Pink und Gelb-Pink meliert anfertigen.

2 Die Pompons laut Abbildung auf die Haarspange kleben.

GRÖSSE
Kette ca. 45 cm lang
Pompon ca. ø 3 cm

MATERIAL FÜR ALLE MODELLE
- Schachenmayr Micro Fino in Orange (Fb 24), Pink (Fb 36), je 50 g
- Schachenmayr Micro Fino Color in Gelb-Pink meliert (Fb 80), 50 g
- Schmuckdraht ummantelt in Silber, ø 0,5 mm, ca. 50 cm lang
- Federring-Verschluss mit Spaltring in Silber, ø 7 mm
- 8 Quetschperlen in Silber, 1,8 mm groß
- Anstecknadel in Platin, 3 cm groß
- Haarspange, 7 cm groß
- spitze Zange
- feste Pappe, ca. 15 cm x 20 cm oder evtl. Pompon-Set
- UHU Alleskleber

Scoubidou mit Wolle

Scoubidou knüpfen ist echt cool! Ohne Aufwand kannst du hübsche, kleine Kordeln knüpfen, die sich prima als Schmuck oder Anhänger eignen. Scoubidous aus Wolle sind zudem weich und kuschelig. Der hier gezeigte Knoten wird aus vier Fäden rund geknüpft.

Serviettenring

1 In jeder Farbe vier Fäden von je ca. 1 m Länge abschneiden und zusammenlegen. Die Fäden an einer Seite zu einem Anfangsknoten verknoten.

2 Nun 4 x je zwei passende Fäden so legen, dass sich die Fäden einer Farbe gegenüber liegen. Das Scoubidou in der beschriebenen Technik (wie bei den Freundschaftsbändern auf Seite 13 beschrieben) knüpfen.

GRÖSSE
ca. 20 cm lang

MATERIAL
- Schachenmayr Catania in HellTürkis (Fb 165) und Dunkelblau (Fb 124), Reste

So geht's

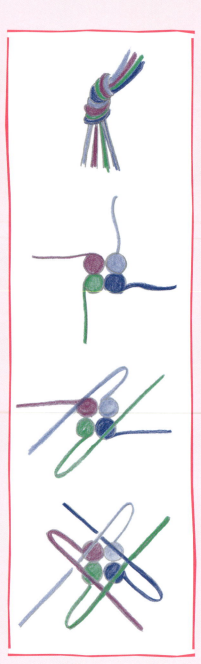

1 Als einfachsten Anfang für eine Scoubidou-Kordel zuerst alle Fäden zu einem Anfangsknoten zusammenknoten. Die überstehenden Fäden gleichmäßig zurückschneiden.

2 Die Fäden so anordnen, dass sie jeweils in einem Winkel von 90° zueinander liegen.

3 Nun den hellblau gezeichneten Faden über den violetten, den grün gezeichneten Faden über den dunkelblauen Faden legen, sodass jeweils eine Schlaufe entsteht.

4 Dann den dunkelblau gezeichneten Faden durch die gegenüber liegende hellblaue Schlaufe, den violett gezeichneten Faden durch die gegenüber liegende grüne Schlaufe führen. Alle Fäden gleichmäßig anziehen. Der erste Knoten ist fertig.
So lange knüpfen bis die Kordel die gewünschte Länge erreicht hat. Danach die restlichen Fäden verknoten und die überstehenden Fäden gleichmäßig zurückschneiden.

GRÖSSE
ca. 20 cm lang

MATERIAL
- Schachenmayr Catania in Rosé (Fb 158), Rosa (Fb 222), Pink (Fb 114) und Pistazie (Fb 236), Reste

Freundschaftsbänder

1 In jeder Farbe zwei Fäden von je ca. 1 m Länge abschneiden und zusammenlegen. Die Fäden an einer Seite zu einem Anfangsknoten verknoten.

2 Nun mit 4 x je zwei passenden Fäden das Scoubidou in der beschriebenen Technik knüpfen. Nach 2,5 cm Länge die Lücke für den Verschluss einarbeiten. Dafür den nächsten Knoten knüpfen, diesen jedoch nur leicht anziehen. Unter dem Knoten einen Bleistift einschieben und dann erst den Knoten fest anziehen, sodass der Bleistift fest sitzt.

3 Noch weitere zwei bis drei Knoten knüpfen, dann den Bleistift entfernen und mit dem Knüpfen fortfahren. Nach weiteren 17,5 cm ab Lücke die Fäden miteinander verknoten. Die überstehenden Fadenenden auf ca. 1 cm Länge zurückschneiden.

Die Freundschaftsbänder sind ein schönes Geschenk für deine Freunde. Du kannst sie aber auch als Serviettenringe verwenden. Du kannst die Farben entsprechend wählen und zur Dekoration kleine Namensschildchen aus farbigem Tonkarton oder bunte Blümchen aus Holz aufkleben. Für Weihnachten sehen kleine Strohsterne schön aus.

Schlüsselanhänger

1 Acht Fäden von je ca. 1,70 m Länge vom Wollknäuel abschneiden und zusammenlegen. Den Schlüsselring lösen. Die Fäden durch den Schlüsselring ziehen.

2 Dann alle Fäden doppelt legen. Es entsteht ein Fadenbündel aus 16 Fäden. Der Schlüsselring befindet sich an der geschlossenen Seite des Fadenbündels. Die Fäden unter dem Schlüsselring zu einem Anfangsknoten verknoten.

3 Dann die Holzkugel auf das Fadenbündel fädeln und diese bis an den Knoten schieben. Für den Körper mit 4 x je vier Fäden das Scoubidou in der beschriebenen Technik (siehe Seite 12) knüpfen. Nach 4 cm Länge die Fäden jeweils diagonal miteinander verknoten.

4 Für die Beine die Fäden in zwei Bündel von je acht Fäden teilen und diese getrennt knüpfen. Nach 4 cm pro Bein alle Fäden miteinander verknoten und die überstehenden Fadenenden etwas zurückschneiden.

5 Für die Arme acht Fäden von je 80 cm Länge vom Wollknäuel abschneiden und zusammenlegen. Die Fäden mit einer Wollnadel ca. 5 mm von der Holzkugel entfernt durch den Körper ziehen und so legen, dass die Fäden auf beiden Seiten die gleiche Länge haben. Dann die Arme mit 4 x je zwei Fäden auf eine Länge von 4 cm knüpfen. Die Fadenenden miteinander verknoten und die überstehenden Fadenenden etwas zurückschneiden.

6 Zuletzt auf die Holzkugel ein kleines Gesicht malen.

GRÖSSE
ca. 12 cm hoch

MATERIAL
- Schachenmayr Catania Color in Clown (Fb 82), Rest
- Rohholzkugel, durchgebohrt, ø 2 cm
- Schlüsselanhänger mit Karabiner, ø 2,5 cm
- Filzstift in Schwarz oder Bleistift

Quasten

Quasten sind ein verspieltes, ausgefallenes Detail mit Pfiff.
Quasten machen geht schnell und einfach.

So geht's

1 Zuerst aus einem Stück fester Pappe ein Rechteck als Quastenschablone schneiden. Die Höhe des Rechteckes entspricht der Länge der Quaste. An der unteren Kante ca. 5 mm von den seitlichen Kanten entfernt zwei kleine Schlitze von ca. 5 mm Höhe einschneiden. Den Faden im linken Schlitz einhängen und dadurch fixieren. Nun die Wolle nicht zu fest um die Schablone wickeln, bis sie die richtige Dicke hat. Dann den Faden abschneiden und diesen im rechten Schlitz einhängen.

2 Die umwickelten Fäden am oberen Rand mit einem doppelten Faden zusammenbinden und fest verknoten. Die Umwicklungen am unteren Rand mit einer spitzen Schere aufschneiden und das Fadenbündel von der Schablone lösen.

3 Für den Quastenkopf das Fadenbündel ca. 1 cm vom oberen Knoten entfernt mit einem Faden mehrmals fest umwickeln und die Fadenenden verknoten. Die Fadenenden mit einer Nadel unter der Wicklung hindurch vernähen und abschneiden.

> Für das Abbinden des Quastenkopfes kannst du auch eine zweite, passende Farbe verwenden. Dadurch wird die Quaste farbenfroher.

Quastenengel

1 Zuerst für die Quastenschablone ein Rechteck von 8 cm x 12 cm aus der Pappe schneiden. Dann den Faden an der langen Seite um die Schablone wickeln. Für jede Quaste die Schablone ca. 60 x umwickeln.

2 Die umwickelten Fäden mit einem ca. 30 cm langen Faden oben abbinden, von der Schablone lösen und den Quastenkopf ca. 2 cm breit abbinden. Der Quastenkopf bildet den Körper, die Fransen das Kleid des Engels. Je eine Quaste in Rot und Weiß anfertigen.

3 Die Holzkugeln auf die Quastenköpfe fädeln und festkleben. Die Aufhängung der Engelflügel abschneiden. Engelflügel auf der Rückseite an die Körper kleben. Zuletzt kleine Gesichter aufmalen und laut Abbildung die Sternchen an die Köpfe kleben.

GRÖSSE
ca. 12 cm hoch

MATERIAL FÜR BEIDE ENGEL
- Schachenmayr Brazilia Lungo in Rot (Fb 230), Rest
- Schachenmayr Brazilia Lamé in Weiß (Fb 80), Rest
- feste Pappe, ca. 10 cm x 12 cm
- 2 Rohholzkugeln, durchgebohrt, ø 2,5 cm
- 2 Engelflügel aus Federn, 5 cm groß
- 2 Streusternchen in Rot, ø 1,8 cm
- Filzstift in Schwarz
- UHU Alleskleber

Tasche mit Quasten

1 Zuerst für die Quastenschablone ein Rechteck von 6 cm x 8 cm aus der Pappe schneiden.

2 Dann den Faden an der langen Seite um die Schablone wickeln. Für jede Quaste die Schablone ca. 40 x umwickeln. Die umwickelten Fäden oben abbinden, von der Schablone lösen und den Quastenkopf abbinden.

3 Drei Quasten in Rot und je eine Quaste in Orange und Gelb anfertigen. Die Quasten laut Abbildung gleichmäßig verteilt an der Taschenvorderseite einknoten. Dafür die Fäden mit einer Wollnadel von außen nach innen einziehen und auf der Innenseite verknoten. Den Knoten mit etwas Klebstoff sichern.

GRÖSSE
Tasche ca. 21 cm x 21 cm (ohne Henkel)
Quasten ca. 8 cm hoch

MATERIAL
- Schachenmayr Micro Fino in Rot (Fb 30), Orange (Fb 24) und Gelb (Fb 22), Reste
- feste Pappe, ca. 8 cm x 10 cm
- fertige Filztasche in Grün, 21 cm x 21 cm
- UHU Alleskleber

Quasten kannst du sehr vielfältig verwenden. Die vielen schönen Effekte der neuen Wollgarne machen Quasten zur besonders wirkungsvollen Dekoration. Du kannst sie auch einzeln als Schlüsselanhänger benutzen oder in die Ecken von Kissen nähen. Du kannst deinen Lieblingsschal verzieren oder deine Lieblingsmütze aufpeppen. Probiere ein bisschen aus, was dir gefällt.

Das Häkeln gehört zu den einfachen Handarbeits-Techniken und ist recht leicht zu erlernen.
Bevor es losgeht, solltest du dir ein bisschen Zeit nehmen, dich mit der Häkelnadel und der Wolle vertraut zu machen.

Luftmaschen

Die Häkelnadel halten und den Faden führen

Üblicherweise wird die Häkelnadel in der rechten Hand gehalten. Es gibt zwei Möglichkeiten die Häkelnadel zu halten.

1 Hier hält die Hand die Häkelnadel von unten wie einen Bleistift.

2 Hier wird die Häkelnadel von oben wie ein Schneidemesser gehalten.

3 Der Faden wird um die linke Hand geführt. Mit der linken Hand wird die Spannung des Fadens korrigiert. Der Faden sollte gleichmäßig durch die Finger gleiten. Den Faden zwischen dem kleinen Finger und dem Ringfinger von innen nach außen auf den Handrücken führen, über Ringfinger und Mittelfinger legen und anschließend zweimal um den Zeigefinger schlingen. Das Fadenende mit dem Daumen und dem Mittelfinger festhalten.

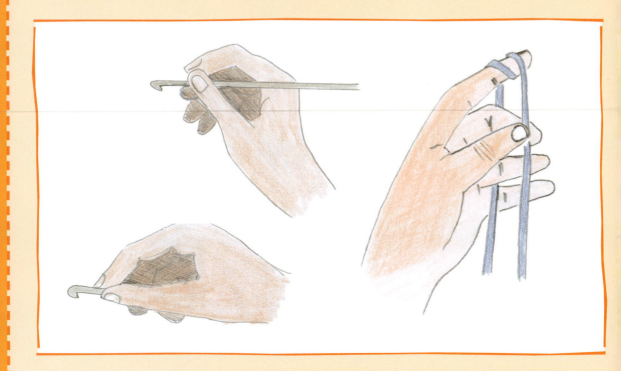

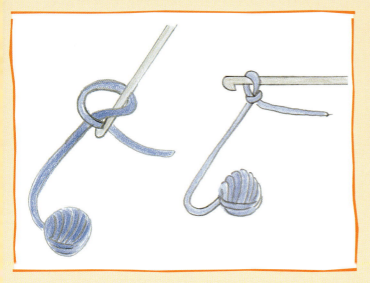

Die Anfangsschlinge

Jede Häkelarbeit beginnt mit einer Anfangsschlinge.

So geht's

1 Den Faden zu einer Schlinge legen und diesen mit der Häkelnadel durch die Schlinge führen.

2 Es entsteht eine Schlinge, die über der Häkelnadel liegt. Das Fadenende festhalten und den zum Knäuel gehenden Faden anziehen, bis die Schlinge locker um die Häkelnadel liegt.

Luftmaschen und Luftmaschen-Kette

So geht's

1 Für eine Luftmasche die Häkelnadel unter dem Faden von vorne nach hinten führen und den Faden mit dem Haken fassen. Auf der Häkelnadel liegt ein Umschlag. Den Umschlag durch die Anfangsschlinge ziehen.

2 Den Faden so anziehen, dass sich eine lockere V-förmige Schlinge unter der Nadel bildet. Auf der Häkelnadel befindet sich wieder eine Schlinge. Die beiden Arbeitsschritte stets wiederholen, dabei nach jeder Luftmasche den Faden gleichmäßig anziehen.

3 Die Abbildung zeigt die Vorderseite einer Luftmaschen-Kette aus fünf Luftmaschen. Die Zahlen verdeutlichen die einzelnen Luftmaschen. Die Schlinge auf der Nadel wird nicht mitgezählt.

4 Auf der Rückseite der Luftmaschen-Kette bildet sich eine gerippte Reihe. Vorder- und Rückseite sind somit gut voneinander zu unterscheiden.

Zum Üben von Luftmaschen nimmst du am besten eine Häkelnadel der Stärke 4 und ein passendes glattes Garn.

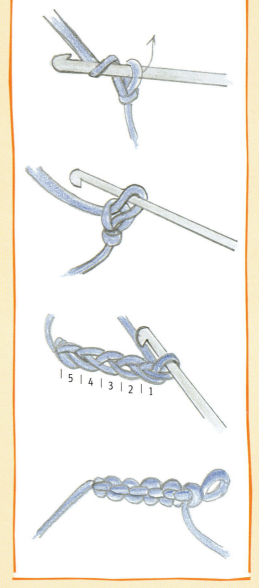

Nützliches für den Schreibtisch

Hinweis

Die Luftmaschen-Ketten für diese Modelle stets mit doppeltem Garn häkeln. Beim Kleben den Buchbinderkleber mit dem Pinsel gleichmäßig auf den Untergrund auftragen. Die Flächen und Streifen dicht mit den Luftmaschen-Ketten bekleben, dabei liegt die Vorderseite der Luftmaschen unten.

Spiralbuch

1 Pro Farbe eine Luftmaschen-Kette von je ca. 1,10 m häkeln.

2 Die Vorderseite des Spiralbuches in sechs gleich große, senkrechte Streifen einteilen und diese mit einem Bleistift markieren.

3 Jeden Streifen mit den Luftmaschen-Ketten in der Reihenfolge gemäß Abbildung bekleben.

Die Luftmaschen nicht zu locker häkeln, damit nach dem Aufkleben der Untergrund nicht durchscheint. Außerdem den Faden der Luftmaschen-Ketten vorerst nicht abschneiden. So hast du die Möglichkeit die Länge der Luftmaschen-Kette zu korrigieren. Wenn sie zu kurz ist, kannst du problemlos noch Luftmaschen dazuhäkeln, wenn sie zu lang ist, kannst du die übrigen Luftmaschen wieder aufziehen. Erst wenn du sicher bist, die richtige Länge zu haben, den Faden abschneiden.

Bilderrahmen

1 Je eine Luftmaschen-Kette von ca. 1 m in Fuchsia und Apfelgrün und je eine Luftmaschen-Kette von ca. 75 cm in Zartgelb und Rosa häkeln.

2 Den Bilderrahmen gemäß Abbildung in Flächen einteilen und mit einem Bleistift markieren. An den Längsseiten entstehen zwei lange, senkrechte Streifen, an den Schmalseiten zwei kurze, waagerechte Streifen.

3 Die senkrechten Streifen mit den langen Luftmaschen-Ketten, die waagrechten Streifen mit den kurzen Luftmaschenketten bekleben.

Sicher hast du auch ein Lieblingsbild, das du gerne mit einem Bilderrahmen schmücken möchtest. Suche dir die dazu passenden Farben aus. Wenn du nur eine Farbe verwenden möchtest, kannst du eine ganz lange Luftmaschen-Kette häkeln und den Bilderrahmen von innen nach außen im Kreis gehend bekleben.

Schachtel

1 Für die Deckeloberseite drei Luftmaschen-Ketten in Apfelgrün und zwei Luftmaschen-Ketten in Fuchsia, jeweils von ca. 75 cm Länge, häkeln.

2 Für den Deckelaußenrand eine Luftmaschen-Kette von ca. 2 m Länge in Hellorange, für den Schachtelaußenrand eine Luftmaschen-Kette von ca. 2,90 m Länge in Helltürkis häkeln.

3 Die Deckeloberseite in fünf gleich große, senkrechte Streifen einteilen und diese mit einem Bleistift markieren. Die Streifen abwechselnd mit Apfelgrün und Fuchsia bekleben. Den unteren Deckelrand der geschlossenen Schachtel mit einem Bleistift markieren.

4 Die Schachtelaußenseite bis an die Markierung mit Helltürkis, den Deckelaußenrand mit Hellorange bekleben.

GRÖSSE

Spiralbuch ca. 15 cm x 21,5 cm (DIN A5)
Bilderrahmen ca. 15 cm x 19 cm
Schachtel ca. 12,5 cm x 12,5 cm x 5 cm

MATERIAL

- Häkelnadel Nr. 4
- Buchbinderkleber
- Pinsel

SPIRALBUCH

- Schachenmayr Catania in Zartgelb (Fb 100), Hellorange (Fb 209), Rosa (Fb 222), Fuchsia (Fb 128), Helltürkis (Fb 165) und Apfelgrün (Fb 205), Reste
- Spiralbuch, DIN A5

BILDERRAHMEN

- Schachenmayr Catania in Zartgelb (Fb 100), Rosa (Fb 222), Fuchsia (Fb 128) und Apfelgrün (Fb 205), Reste
- Bilderrahmen, 15 cm x 19 cm

SCHACHTEL

- Schachenmayr Catania in Hellorange (Fb 209), Fuchsia (Fb 128), Helltürkis (Fb 165) und Apfelgrün (Fb 205), Reste
- Pappschachtel, 12,5 cm x 12,5 cm x 5 cm

Feste Maschen häkeln

Die feste Masche ist die einfachste Grundmasche. Das Maschenbild von festen Maschen ist sehr dicht und kompakt.
Wird in Reihen gehäkelt, so wird die 1. Reihe auf eine Luftmaschen-Kette gehäkelt. Die Häkelrichtung ist immer von rechts nach links. Die Maschen werden nebeneinander gehäkelt.

So geht's

1 Zuerst die benötigte Anzahl Luftmaschen anschlagen. Bei festen Maschen wird noch eine zusätzliche Wende-Luftmasche angeschlagen. Da jede Grundmasche eine bestimmte Höhe hat, muss am Anfang einer Reihe zuerst die Arbeitshöhe der zu häkelnden Maschen erreicht werden. Bei festen Maschen ist das stets eine Luftmasche. Auf die Luftmaschen-Kette für die 1. feste Masche in die 2. Luftmasche von der Nadel aus einstechen und den Faden mit einem Umschlag durch die Luftmaschen-Schlinge ziehen. Es liegen dann 2 Schlingen über der Häkelnadel.

Achtung!
In die Luftmaschen-Kette stets auf der Vorderseite einstechen. Während des Häkelns darauf achten, dass diese sich nicht verdreht.

2 Den Faden wieder mit einem Umschlag fassen und durch beide Schlingen ziehen.

3 Die 1. feste Masche ist fertig. Auf der oberen Kante entstehen für jede feste Masche zwei quer liegende V-förmige Schlingen. In jede weitere Luftmasche der Luftmaschen-Kette je eine feste Masche häkeln.

4 Am Ende der Reihe eine Wende-Luftmasche häkeln und das Häkelteil wenden. Nun wird die 2. Reihe wieder von rechts nach links gehäkelt. In jede feste Masche der Vor-Reihe je eine neue feste Masche häkeln. Dafür unter den quer liegenden V-förmigen Schlingen einstechen und die feste Masche häkeln.

Maschen- oder Häkelproben

Häkelproben sind ein wichtiger Bestandteil von Anleitungen für Häkelmodelle, die eine bestimmte Größe haben sollen. Eine Häkelprobe gibt die Anzahl von Maschen und Reihen für eine bestimmte Fläche an. In der Regel sind sie für ein Quadrat der Größe 10 cm x 10 cm angegeben.
Bevor du mit einem Häkelteil beginnst, solltest du eine Häkelprobe nach den entsprechenden Angaben (z. B. ob in einem bestimmten Muster gehäkelt wird) anfertigen, um zu überprüfen, ob dein Häkelteil mit der angegeben Häkelprobe übereinstimmt. Fällt es größer aus, häkelst du lockerer als angegeben und du solltest dann eine Häkelnadel kleinerer Stärke benutzen, sodass das Häkelteil fester wird. Fällt es kleiner aus, häkelst du fester als angegeben und du verwendest dann eine Häkelnadel größerer Stärke, sodass das Häkelteil lockerer wird.

Topflappen

1 Pro Topflappen 35 Luftmaschen + eine Wende-Luftmasche anschlagen und im Grundmuster häkeln.

2 Nach der 40. Reihe für die Aufhängeschlaufe noch 16 Luftmaschen häkeln und danach den Faden abschneiden.

3 Nach der letzten Masche den Faden abschneiden und durch die auf der Nadel liegenden Schlinge ziehen. Dadurch entsteht ein fester Knoten.

4 Die Luftmaschen-Kette mit dem Endfaden an der Ecke festnähen.

Topflappen eigenen sich sehr gut zum Üben von festen Maschen. Das Häkelteil ist nicht sehr groß und deshalb leicht und schnell gehäkelt. An den Beispielen hier siehst du, wie einfarbige und mehrfarbige Garne zusammengestellt werden können. Bei den mehrfarbigen Garnen ist der melierte Farbeffekt oder der Streifen „im Knäuel enthalten", d.h. die Garne sind so eingefärbt, dass kleine oder große Farbrapporte (das ist die Länge des Fadens, nach dem die Farbe wechselt) ein entsprechendes Muster ergeben.

GRÖSSE
ca. 21 cm x 21 cm

MATERIAL
- Häkelnadel Nr. 4

ORANGEFARBENE TOPFLAPPEN
- Coats Lyric 8/8 in Orange (Fb 537), 50 g
- Anchor Magicline Nr. 1 in Orange-Gelb-Hellgelb multicolor (Fb 1404), 50 g

LILAFARBENE TOPFLAPPEN
- Coats Lyric 8/8 in Lila (Fb 528), 50 g
- Anchor Magicline Nr. 3 in Lila-Pink-Gelb-Blau meliert (Fb 1468), 50 g

MASCHENPROBE
17 Maschen und 20 Reihen mit Magicline oder Lyric gehäkelt = 10 cm x 10 cm

GRUNDMUSTER
In Reihen feste Maschen häkeln. In der 1. Reihe die 1. feste Masche in die 2. Luftmasche von der Nadel aus arbeiten. Jede weitere Reihe mit einer zusätzlichen Luftmasche wenden.

GRÖSSE
Tischset ca. 45 cm x 35 cm

MATERIAL FÜR BEIDE MODELLE
- Schachenmayr Punto in Melone mouliné (Fb 30), 150 g
- Schachenmayr Brazilia in Rot (Fb 30) und Orange (Fb 28), je 50 g
- Häkelnadel Nr. 5

KERZENSCHALEN
- glockenförmiger Tontopf, ø 9 cm
- glockenförmiger Tontopf, ø 11 cm
- matte Acrylfarbe in Rot
- Pinsel
- UHU Alleskleber
- 2 passende Stumpenkerzen in Hellorange

MASCHENPROBE
12 Maschen und 13 Reihen mit Punto und Nadel Nr. 5 im Grundmuster gehäkelt = 10 cm x 10 cm

GRUNDMUSTER
In Reihen feste Maschen häkeln. In der 1. Reihe die 1. feste Masche in die 2. Luftmasche von der Nadel aus arbeiten. Jede weitere Reihe mit einer zusätzlichen Luftmasche wenden.

Tischset mit Kerzenschalen

Hinweis
Punto und Brazilia werden stets mit doppeltem Faden gehäkelt.

Tischset

1. 54 Luftmaschen + eine Wende-Luftmasche anschlagen und im Grundmuster häkeln. Nach der 46. Reihe den Faden abschneiden.

2. Nun zuerst den oberen und unteren Rand mit 2 Reihen fester Maschen und Brazilia in Rot behäkeln (siehe auch „Ausarbeitung" auf Seite 76).

3. Danach an den Schmalseiten mit Brazilia in Orange genauso arbeiten, dabei die roten Ränder mit behäkeln.

Kerzenschalen

1. Die Innenseiten der Tontöpfe mit der Acrylfarbe bemalen und gut trocknen lassen.

2. Für die kleine Schale eine Luftmaschen-Kette von ca. 1,50 m aus Punto und eine Luftmaschen-Kette von ca. 95 cm aus Brazilia in Rot, für die große Schale eine Luftmaschen-Kette von ca. 2,30 m aus Punto und eine Luftmaschen-Kette von ca. 1,15 m aus Brazilia in Orange häkeln.

3. Die Tontöpfe von den unteren Topfkanten bis zu den unteren Kanten der oberen Topfränder spiralförmig mit den Luftmaschen-Ketten aus Punto, die oberen Topfränder mit den entsprechenden Luftmaschen-Ketten aus Brazilia dicht bekleben. Dabei liegt die Vorderseite der Luftmaschen unten.

Achtung!
Kerzen nie unbeaufsichtigt brennen lassen!

Kuschelkissen

Hinweis
Es wird stets mit einem Faden Boston zusammen mit einem Faden Brazilia gehäkelt.

1 Für die Vorderseite 36 Lm + eine Wende-Luftmasche anschlagen und im Grundmuster häkeln. Nach der 44. Reihe den Faden abschneiden.

2 Die Rückseite genauso häkeln. Vorder- und Rückseite aufeinander legen und drei Seiten mit festen Maschen zusammenhäkeln, dabei in den Ecken je 3 feste Maschen in eine Einstichstelle häkeln. Die vierte Seite bleibt offen.

3 Für den Kissenverschluss drei Kordeln aus Boston anfertigen. Dafür pro Kordel zwei ca. 2 m lange Fäden zusammenlegen und zur Kordel drehen. Die Kordeln durch die Vorder- und Rückseite ziehen und zur Schleife binden.

GRÖSSE
ca. 40 cm x 40 cm

MATERIAL
- Schachenmayr Boston in Rot (Fb 30), 250 g
- Schachenmayr Brazilia Color in Passion (Fb 109), 150 g
- Kissenfüllung, 40 cm x 40 cm
- Häkelnadel Nr. 7

MASCHENPROBE
9 Maschen und 11 Reihen mit Boston und Brazilia und Nadel Nr. 7 im Grundmuster gehäkelt = 10 cm x 10 cm

GRUNDMUSTER
In Reihen feste Maschen häkeln. In der 1. Reihe die 1. feste Masche in die 2. Luftmasche von der Nadel aus arbeiten. Jede weitere Reihe mit einer zusätzlichen Luftmasche wenden.

Wenn bei Color-Garnen ein neuer Knäuel angefangen werden muss, so musst du auf die Farbfolge des Farbrapportes achten. Als Farbrapport bezeichnet man die Reihenfolge der farbigen Abschnitte eines Garnes, wie z.B. nacheinander die Farben Gelb, Pink und Grün. Der Farbrapport wird stets wiederholt, d.h. nach der Farbe Grün beginnt der nächste Farbrapport wieder mit Gelb. Einen neuen Knäuel solltest du möglichst immer so beginnen, dass der Farbrapport nicht unterbrochen wird. Sonst entstehen später unsichtbare Unterbrechungen der Farbfolge.

Tasche mit Handy-Täschchen

GRÖSSE
Tasche ca. 20 cm x 16 cm (ohne Trageriemen)
Handytäschchen ca. 7 cm x 13,5 cm

MATERIAL FÜR BEIDE MODELLE
- Schachenmayr Jazz in Türkis (Fb 65) und Helltürkis (Fb 66), je 100 g

TASCHE
- Häkelnadel Nr. 3 und 5
- 2 Druckknöpfe, ø 1,5 cm
- transparentes Nähgarn
- Schmetterlings-Anstecknadel

HANDYTÄSCHCHEN
- Häkelnadel Nr. 3,5
- Druckknopf, ø 1,5 cm
- Glasstifte in Türkis, 2/2 mm
- Glasstifte in Türkis, 7/2 mm
- transparentes Nähgarn

MASCHENPROBE TASCHE
13 Maschen und 14 Reihen mit doppeltem Faden und Nadel Nr. 5 im Grundmuster gehäkelt = 10 cm x 10 cm

HANDYTÄSCHCHEN
18 Maschen und 21 Reihen mit Nadel Nr. 3,5 im Grundmuster gehäkelt = 10 cm x 10 cm

GRUNDMUSTER
In Reihen feste Maschen häkeln. In der 1. Reihe die 1. feste Masche in die 2. Luftmasche von der Nadel aus arbeiten. Jede weitere Reihe mit einer zusätzlichen Luftmasche wenden.

Tasche

1 55 Luftmaschen + eine Wende-Luftmasche mit doppeltem Faden (= je ein Faden helltürkis und türkis zusammen) und Nadel Nr. 5 anschlagen und im Grundmuster häkeln. Nach der 28. Reihe den Faden abschneiden.

2 Das Häkelrechteck so legen, dass die schmalen Seiten oben und unten liegen. Die untere Schmalseite mit einem Faden türkis und Nadel Nr. 3 mit festen Maschen behäkeln.

3 Danach die unteren 15 cm des Häkelteiles mit der behäkelten Schmalseite nach vorne umschlagen. Diese bilden die Vorderseite der Tasche. Die Vorderseite und die dahinter liegende Rückseite an den seitlichen Rändern mit doppeltem Faden türkis und Nadel Nr. 5 mit festen Maschen zusammenhäkeln. Die oberen, übrigen 12 cm bilden die Taschenklappe.

4 Die seitlichen Ränder und die obere Schmalseite der Taschenklappe mit doppeltem Faden türkis und Nadel Nr. 5 mit festen Maschen behäkeln. In die Ecken 3 feste Maschen in eine Einstichstelle häkeln. Die Druckknöpfe unter die Ecken der Taschenklappe und an den entsprechenden Stellen der Vorderseite nähen.

5 Für den Trageriemen 110 Luftmaschen + eine Wende-Luftmasche mit doppeltem Faden (= je ein Faden helltürkis und türkis zusammen) und Nadel Nr. 5 anschlagen und 2 Reihen im Grundmuster häkeln. Danach den Faden abschneiden. Den Trageriemen von innen an die seitlichen Kanten nähen.

Handytäschchen

1 Für die Vorderseite 13 Luftmaschen + eine Wende-Luftmasche in Helltürkis und Nadel Nr. 3,5 anschlagen und im Grundmuster häkeln. Nach der 28. Reihe den Faden abschneiden.

2 Für die Rückseite und die Taschenklappe 13 Luftmaschen + eine Wende-Luftmasche in Türkis mit Nadel Nr. 3,5 anschlagen und in Reihen feste Maschen häkeln. Nach der 44. Reihe den Faden abschneiden. Die unteren 13 cm des Häkelteiles bilden die Rückseite, die oberen 8 cm die Taschenklappe.

3 Die Vorderseite auf die Rückseite legen und die seitlichen Ränder und den unteren Rand in Türkis mit festen Maschen zusammenhäkeln, dabei in den Ecken je 2 feste Maschen in eine Einstichstelle häkeln.

4 Die Ränder der Taschenklappe genauso behäkeln. Taschenklappe nach vorne umschlagen.

5 Den Druckknopf mittig unter die Taschenklappe und an der entsprechenden Stelle an der Vorderseite festnähen. Die Vorderseite und die Taschenklappe mit Blümchen besticken. Pro Blümchen für die Blütenmitte drei bis vier kleine Glasstifte aufsticken und als Blütenblätter sieben bis acht große Glasstifte anordnen.

6 Zuletzt eine Kordel aus je einem Faden von ca. 90 cm Länge in Helltürkis und Türkis zusammenlegen und zur Kordel drehen. Die Kordel in der hinteren Mitte ca. 1 cm vom oberen Rand entfernt in das Häkelteil einziehen und die Kordelenden miteinander verknoten.

Du kannst das Handytäschchen mit der Kordel an der Tasche befestigen.

Stäbchen häkeln

Stäbchen gehören ebenfalls zu den Grundmaschen. Sie umfassen eine große Familie ähnlicher Maschen wie z. B. Doppel- und andere Mehrfachstäbchen sowie halbe Stäbchen. Alle Stäbchen dieser Familie unterscheiden sich in der Höhe der einzelnen Masche. Wenn nur von Stäbchen die Rede ist, ist immer das einfache Stäbchen gemeint, bei anderen Stäbchen ist stets eine genauere Bezeichnung angegeben. Durch die Höhe von Stäbchen wird das Maschenbild insgesamt lockerer.

Stäbchen mit 3 zusätzlichen Wende-Luftmaschen

Stäbchen mit 3 zusätzlichen Wende-Luftmaschen sind einfach zu häkeln. Durch die Wende-Luftmaschen entstehen an den Rändern kleine Wölbungen. Das sieht sehr schön aus und wird oft als Randabschluss eingesetzt, wenn die Kanten nicht zusammengenäht werden sollen.

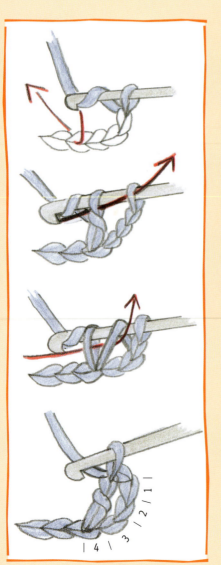

So geht's

1 Zuerst die benötigte Anzahl Luftmaschen anschlagen. Dann noch 3 zusätzliche Wende-Luftmaschen anschlagen, um die Arbeitshöhe der zu häkelnden Stäbchen zu erreichen. Vor dem Einstechen den Faden mit einem 1. Umschlag um die Nadel legen. Danach für das 1. Stäbchen in die 4. Luftmasche von der Nadel aus einstechen und den Faden mit einem 2. Umschlag durch die Luftmaschen-Schlinge ziehen. Es liegen dann drei Schlingen über der Häkelnadel.

2 Den Faden wieder mit einem 3. Umschlag fassen und durch die ersten beiden Schlingen ziehen. Es liegen nun zwei Schlingen über der Nadel.

3 Danach den Faden mit einem 4. Umschlag fassen und durch die restlichen beiden Schlingen ziehen.

4 Das 1. Stäbchen ist fertig. Auf der oberen Kante entstehen für jedes Stäbchen zwei quer liegende V-förmige Schlingen. In jede weitere Luftmasche der Luftmaschen-Kette je ein Stäbchen häkeln. Am Ende der Reihe 3 Wende-Luftmaschen häkeln und das Häkelteil wenden. Die 2. Reihe wie bei den festen Maschen beschrieben häkeln, jedoch in jedes Stäbchen der Vor-Reihe je ein neues Stäbchen häkeln.

Stäbchen mit 3 Luftmaschen als Ersatz für das 1. Stäbchen

Soll das Häkelteil gerade Kanten habe, z. B. wenn die Kanten zusammengenäht werden sollen, wird das 1. Stäbchen durch 3 Luftmaschen ersetzt.

So geht's

1 Zuerst die benötigte Anzahl Luftmaschen anschlagen. Dann für das 1. Stäbchen 3 Luftmaschen anschlagen. Diese 3 angeschlagenen Luftmaschen ersetzen das 1. Stäbchen. Die entsprechende Arbeitshöhe ist dadurch bereits erreicht. Nun das 2. Stäbchen der 1. Reihe in die 5. Luftmasche von der Nadel aus häkeln.

2 Auf die Luftmaschen-Kette weiter Stäbchen häkeln. Am Ende der Reihe 3 Luftmaschen häkeln und das Häkelteil wenden.

3 In der 2. Reihe ersetzen die 3 Luftmaschen wieder das 1. Stäbchen. Das 2. Stäbchen wird also in das 2. folgende Stäbchen der Vor-Reihe gehäkelt.

4 Am Ende der Reihe wird das letzte Stäbchen in die oberste Luftmasche des ersetzen Stäbchens der Vor-Reihe gehäkelt.

Wollige Accessoires

GRÖSSE
Gürtel ca. 4 cm breit, ca. 60 cm lang
Armband ca. 2,5 cm breit, ca. 15 cm lang

MATERIAL
- Schachenmayr Catania in Zitrone (Fb 204), Rest
- Häkelnadel Nr. 3
- Druckknopf, ø 7 mm
- 9 Holzperlen in Gelb, ø 1 cm
- 2 Holzperlen in Gelb, ø 1,5 cm
- passendes Nähgarn

GRUNDMUSTER
In Reihen Stäbchen häkeln. Jede Reihe mit 3 zusätzlichen Luftmaschen wenden.

Achtung!
Die Größenangaben sind allgemein gehalten. Bei allen Modellen, die du für deine Größe häkeln willst, gilt: Bevor du den Faden abschneidest, solltest du das Häkelteil an dir probieren. So kannst du die Größe gegebenenfalls korrigieren, damit es dir auch wirklich passt.

Gürtel

1 9 Luftmaschen + eine Wende-Luftmasche anschlagen und in der 1. Reihe 9 feste Maschen häkeln, dabei die 1. feste Masche in die 2. Luftmasche von der Nadel aus arbeiten. Dadurch wird die Anschlagkante stabiler. Danach weiter im Grundmuster häkeln. Nach ca. 60 cm Länge noch eine Reihe feste Maschen häkeln, dabei am Reihenanfang nur eine Wende-Luftmasche arbeiten. Danach den Faden abschneiden.

2 An den Schmalseiten je 3 kleine Holzperlen aufnähen. Für den Gürtelverschluss zwei Kordeln anfertigen. Dafür pro Kordel zwei ca. 90 cm lange Fäden zusammenlegen und zur Kordel drehen.

3 Auf die geschlossenen Kordelenden je eine große Holzperle ziehen und die Holzperle bis zum Knoten der gegenüber liegenden Seite schieben. Die Kordeln an den Schmalseiten festnähen.

Armband

1 5 Luftmaschen + eine Wende-Luftmasche anschlagen und wie beim Gürtel beschrieben häkeln, jedoch mit weniger Maschen.

2 Nach ca. 14 cm Länge noch eine Reihe feste Maschen häkeln und danach den Faden abschneiden.

3 An den Schmalseiten den Druckknopf festnähen. Zuletzt mittig drei kleine Holzperlen aufnähen.

GRÖSSE
Schal ca. 16 cm x 140 cm
Stirnband ca. 7,5 cm breit, Kopfumfang ca. 48 cm bis 51 cm

MATERIAL
- Häkelnadel Nr. 4,5

SCHAL
- Schachenmayr Rosato in Hellgrün (Fb 72), 150 g
- Schachenmayr Brazilia Color in Lollipop (Fb 81), 150 g

STIRNBAND
- Schachenmayr Rosato in Hellgrün (Fb 72), 50 g
- Schachenmayr Brazilia Color in Lollipop (Fb 81), Rest

GRUNDMUSTER
In Reihen Stäbchen häkeln. Das 1. Stäbchen jeder Reihe durch 3 Luftmaschen ersetzen. Am Ende der Reihe das letzte Stäbchen in die oberste Luftmasche des 1. Stäbchens der Vor-Reihe häkeln.

Warmer Schal und Stirnband

Schal

1 20 Luftmaschen + eine Wende-Luftmasche mit je einem Faden Rosato und Brazilia anschlagen und in der 1. Reihe 20 feste Maschen häkeln, dabei die 1. feste Masche in die 2. Luftmasche von der Nadel aus arbeiten. Dadurch wird die Anschlagkante stabiler.

2 Danach weiter im Grundmuster häkeln. Nach 1,40 m noch eine Reihe feste Maschen häkeln, dabei am Reihenanfang eine Wende-Luftmasche arbeiten. Danach den Faden abschneiden.

Stirnband

1 12 Luftmaschen + eine Wende-Luftmasche mit Rosato anschlagen und wie beim Schal beschrieben häkeln, jedoch mit weniger Maschen. Nach 48 cm oder einer Länge nach Wunsch noch eine Reihe feste Maschen häkeln, dabei am Reihenanfang eine Wende-Luftmasche arbeiten. Danach den Faden abschneiden.

2 Die Längskanten des Stirnbandes mit festen Maschen und Brazilia behäkeln. Hierfür um jedes Randstäbchen je 2 feste Maschen häkeln.

3 Zuletzt das Stirnband an den Schmalseiten flach zusammennähen.

Gittermuster

Das Gittermuster kommt aus der so genannten „Filethäkelei", die immer dann Anwendung findet, wenn luftige, durchscheinende Muster entstehen sollen. Stäbchen und Luftmaschen werden so miteinander kombiniert, dass kleine Kästchen entstehen.

So geht's

1 Zuerst die benötigte Anzahl Luftmaschen anschlagen, dann 3 Luftmaschen als Ersatz für das 1. Stäbchen und noch 2 weitere Luftmaschen für das 1. Kästchen anschlagen. Das 1. Stäbchen in die 8. Luftmasche von der Nadel aus häkeln. Das 1. Kästchen ist geschlossen. Dann für jedes weitere Kästchen 2 Luftmaschen häkeln und das nächste Stäbchen in die 3. folgende Luftmasche arbeiten. Die Reihe endet mit einem Stäbchen in die letzte Luftmasche.

2 In der 2. Reihe zuerst 3 Luftmaschen für das 1. Stäbchen und 2 Luftmaschen für das 1. Kästchen anschlagen und das 1. neue Stäbchen in das folgende Stäbchen der Vor-Reihe häkeln. Es liegen dann zwei Kästchen übereinander. Für jedes weitere Kästchen 2 Luftmaschen anschlagen und das nächste neue Stäbchen in das folgende Stäbchen der Vor-Reihe häkeln. Die Reihe endet mit einem Stäbchen in die oberste Luftmasche des ersetzten 1. Stäbchens der Vor-Reihe.

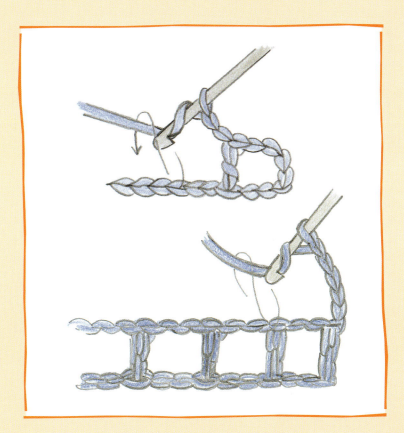

32

HÄKELN GANZ EINFACH

Blümchen-Gardine

1 75 Luftmaschen + 3 Luftmaschen für das 1. Stäbchen anschlagen und wie folgt häkeln:
1. Reihe: In jede Luftmasche ein Stäbchen häkeln, dabei das 1. Stäbchen in die 5. Luftmasche von der Nadel aus arbeiten = 75 Stäbchen
2. Reihe: 75 Stäbchen im Grundmuster
3. Reihe: 4 Stäbchen, * 2 Luftmaschen, ein Stäbchen in das folgende 3. Stäbchen, ab * 21 x wiederholen (= 22 Kästchen im Gittermuster), zuletzt noch je ein Stäbchen in die letzten 5 Stäbchen der Reihe häkeln
4. Reihe: 5 Stäbchen, * 2 Luftmaschen, ein Stäbchen in das folgende 3. Stäbchen, ab * 21 x wiederholen (= 22 Kästchen im Gittermuster), zuletzt noch je ein Stäbchen in die letzten 4 Stäbchen der Reihe häkeln
5. und 6. Reihe: wie die 3. und 4. Reihe häkeln
7. und 8. Reihe: im Grundmuster häkeln

2 Die 3.-8. Reihe noch 6 x wiederholen. Nach insgesamt 44 Reihen ab Anschlag den Faden abschneiden. Der Rand, an dem 4 Stäbchen liegen, bildet die untere Gardinenkante.

3 Die Gardine spannen, mit Sprühstärke anfeuchten und trocknen lassen.

4 Aus dem dicken Filz nach Vorlage sieben große Blümchen, aus dem Bastelfilz zehn kleine Blümchen ausschneiden.

5 Zuerst vier Blüten wie folgt aufnähen: Pro Blüte je ein großes und kleines Blümchen aufeinander legen und zusammen mit einer Perle an die Streifen der Gardine nähen.

6 Am unteren Gardinenrand drei Blüten wie folgt zusammennähen: je ein kleines Blümchen auf die Vorder- und Rückseite von einem großen Blümchen legen und in der Mitte zusammennähen.

7 Danach zuerst auf der Vorderseite mittig eine Perle aufnähen, dann durch die Mitte auf die Rückseite stechen und eine zweite Perle festnähen. Die Blüten am unteren Rand der Gardine festnähen.

GRÖSSE
ca. 44 cm x 34 cm

MATERIAL
- Schachenmayr Catania in Weiß (Fb 106), 100 g
- Häkelnadel Nr. 3,5
- Filzplatte in Maisgelb, 4 mm dick, Rest
- Bastelfilz in Orange, Rest
- 10 Holzperlen in Maisgelb, ø 1,2 cm
- passendes Nähgarn

GRUNDMUSTER
In Reihen Stäbchen häkeln. Das 1. Stäbchen jeder Reihe durch 3 Luftmaschen ersetzen. Am Ende der Reihe das letzte Stäbchen in die oberste Luftmasche des 1. Stäbchens der Vor-Reihe häkeln.

VORLAGE SEITE 80

Häkelteile spannen

Nachdem die Fäden vernäht sind, das Häkelteil auf einer weichen Unterlage nach den angegebenen Maßen in Form legen und mit Stecknadeln feststecken. Die Maße sind entweder in der Größenangabe (z.B. bei Gardinen und Deckchen) oder in einem Schnitt (z.B. bei Kleidungsstücken wie Tops und Pullis) angegeben. Als Unterlage eignet sich ein großer Bügeltisch, ein Teppich oder eine mit einem Küchentuch überzogene Styroporplatte. Das festgesteckte Häkelteil mit Wasser anfeuchten und trocknen lassen. So bleibt es in Form, wenn du die Stecknadeln wieder heraus ziehst. Bei Gardinen und Deckchen wird das Häkelteil gerne mit Sprühstärke angefeuchtet, damit es nach dem Trocknen etwas Festigkeit bekommt.

Noppen häkeln

Noppen wirken auf einem Häkelteil witzig und verspielt. Sie verleihen einem Lieblingsstück oft den letzten Pfiff. Das Tolle daran ist, dass sie einzeln gehäkelt und aufgenäht werden können. Noppen bestehen aus mehreren Stäbchen, die zusammen in eine einzige Luftmasche gehäkelt werden. So entsteht ein kleines plastisches Büschel.

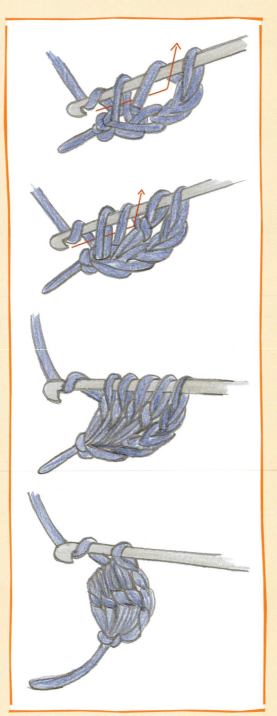

So geht's

1 Zuerst 4 Luftmaschen anschlagen und das 1. Stäbchen in die 4. Luftmasche von der Nadel aus häkeln. Jedoch das 1. Stäbchen nur 1 x abhäkeln, d. h., den Faden 1 x durch die ersten beiden Schlingen ziehen, sodass zwei Schlingen auf der Nadel liegen.

> Es gibt unterschiedliche Bezeichnungen für das Abhäkeln einer Masche. So wird das Abhäkeln einer Masche häufig auch als ‚Abmaschen' bezeichnet. Wenn z.B. in einer Anleitung steht, dass Maschen zusammen „abgemascht" werden sollen, so bedeutet dies, dass die Maschen zusammengehäkelt werden.

2 Nun das 2. Stäbchen in dieselbe Luftmasche häkeln und wie das 1. Stäbchen nur 1 x abhäkeln. Auf der Nadel liegen dann drei Schlingen.

3 Dann weiter Stäbchen in die 1. Luftmasche häkeln und jedes Stäbchen nur 1 x abhäkeln. In der Abbildung sind insgesamt 4 Stäbchen gehäkelt. Auf der Nadel liegen fünf Schlingen.

4 Jetzt mit einem neuen Umschlag alle auf der Nadel befindlichen Schlingen zusammen abhäkeln. Danach den Faden abschneiden und durch die letzte Schlinge ziehen.

> Die Noppen an den entsprechenden Stellen mit einer Wollnadel in das Häkelteil einziehen und die Fäden auf der Rückseite vernähen. Du kannst die Noppen auch nur einknoten und den Knoten auf der Rückseite mit einem Tropfen Klebstoff sichern. Das geht zwar schneller, ist aber nicht so haltbar. Wenn das Häkelteil gewaschen werden soll, solltest du die Noppen auf alle Fälle festnähen.

Eierwärmer-Monsterchen

1 30 Luftmaschen + eine Wende-Luftmasche mit Rosato und Nadel Nr. 4 anschlagen und im Grundmuster häkeln.

2 Nach der 26. Reihe den Faden abschneiden. Danach die Schmalseiten flach zusammennähen, sodass ein Ring entsteht. Je einen Eierwärmer in Gelb, Pink und Grün häkeln.

3 Für die Noppen 4 Luftmaschen mit Catania und Nadel Nr. 3,5 anschlagen und in die 4. Luftmasche von der Nadel aus 4 zusammen abgemaschte Stäbchen häkeln.

4 Je 10 Noppen in Weiß, Gelb und Pink häkeln.

5 Für die Bindebänder 3 Luftmaschen-Ketten von je ca. 55 cm Länge mit Brazilia und Nadel Nr. 5 häkeln.

6 Die Eierwärmer ca. 2,5 cm vom oberen Rand entfernt mit den Bindebändern zusammenbinden.

7 Dann die Wackelaugen aufkleben. Für die Nasen an den gelben Eierwärmer eine Noppe in Pink, an den pinkfarbenen Eierwärmer eine Noppe in Gelb und an den grünen Eierwärmer eine Noppe in Weiß nähen.

8 Von den übrigen Noppen je drei Stück in Weiß, Gelb und Pink gleichmäßig verteilt an die Eierwärmer nähen.

GRÖSSE
ca. 12 cm hoch, ca. ø 6 cm

MATERIAL
- Schachenmayr Rosato in Gelb (Fb 22), Pink (Fb 36) und Grün (Fb 70), je 50 g
- Schachenmayr Brazilia Lungo in Grasgrün (Fb 270), Rest
- Schachenmayr Catania in Weiß (Fb 106), Gelb (Fb 208) und Pink (Fb 114), Reste
- Häkelnadel Nr 3,5, 4 und 5
- 6 Wackelaugen, ø 1 cm
- UHU Alleskleber

MASCHENPROBE
16 Maschen und 22 Reihen mit Rosato und Nadel Nr. 4 im Grundmuster gehäkelt = 10 cm x 10 cm

GRUNDMUSTER
In Reihen feste Maschen häkeln. In der 1. Reihe die 1. feste Masche in die 2. Luftmasche von der Nadel aus arbeiten. Jede weitere Reihe mit einer zusätzlichen Luftmasche wenden.

Damit ein Häkelteil eine bestimmte Form bekommt, werden Maschen zugenommen oder abgenommen. Bei Zunahmen wird die Anzahl der Maschen vergrößert, bei Abnahmen verringert sie sich. Durch Zu- und Abnahmen lassen sich z.B. Kleidungsstücke passgenau häkeln, runde oder ovale Formen anfertigen und es können lustige Tiere oder Figuren entstehen.

Zunahme und Abnahme bei festen Maschen

Feste Maschen zunehmen

Bei Zunahmen werden zwei oder mehr feste Maschen nacheinander in eine Einstichstelle gehäkelt, d.h., die 2. feste Masche wird in die gleiche Masche gehäkelt, in die die 1. feste Masche gearbeitet wurde. Dies kann am Anfang oder am Ende einer Reihe, aber auch innerhalb einer Reihe sein. Das Häkelteil wird größer.

So geht's

In der Abbildung sind am Ende zwei feste Maschen in eine Einstichstelle gehäkelt. In diesem Beispiel erhöht sich die Maschenzahl der Reihe um eine Masche.

Feste Maschen abnehmen

Bei Abnahmen werden zwei oder mehr Maschen zusammengehäkelt. Das Häkelteil wird kleiner.

So geht's

1 Zuerst für die 1. feste Masche einstechen und eine Schlinge durchholen. Es liegen zwei Schlingen auf der Nadel.

2 Dann für die 2. feste Masche in die nächste Masche einstechen und eine weitere Schlinge durchholen. Es liegen nun drei Schlingen auf der Nadel. Dann mit einem Umschlag alle auf der Nadel befindlichen Schlingen zusammen abhäkeln.

3 Die Abbildung zeigt zwei zusammengehäkelte feste Maschen. Die Maschenzahl verringert sich um eine feste Masche.

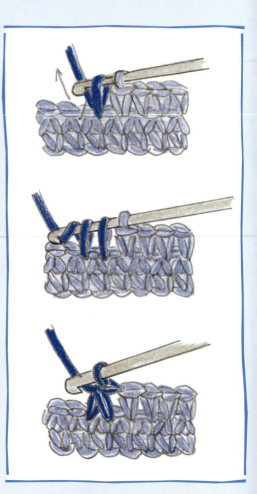

Zunahme und Abnahme bei Stäbchen

Stäbchen zunehmen

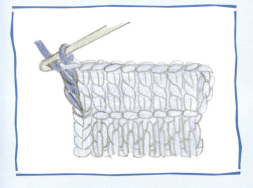

So geht's

Wie bei den festen Maschen beschrieben, werden bei Zunahmen zwei oder mehr Stäbchen in eine Einstichstelle gehäkelt. In der Abbildung sind jeweils am Anfang und am Ende 2 Stäbchen in eine Einstichstelle gehäkelt. Dabei ist am Anfang der Reihe das 1. Stäbchen durch 3 Luftmaschen ersetzt. In diesem Beispiel erhöht sich die Maschenzahl der Reihe um zwei Stäbchen.

Stäbchen abnehmen

So geht's

1 Zuerst das 1. Stäbchen einmal abhäkeln, d. h., den Faden einmal durch die ersten beiden Schlingen ziehen, sodass zwei Schlingen auf der Nadel liegen.

2 Nun das 2. Stäbchen in die folgende Masche häkeln und wie das 1. Stäbchen nur einmal abhäkeln. Auf der Nadel liegen dann drei Schlingen.

3 Nun mit einem neuen Umschlag alle auf der Nadel befindlichen Schlingen zusammen abhäkeln. Werden zwei Stäbchen zusammengehäkelt, verringert sich die Maschenzahl jeweils um ein Stäbchen.

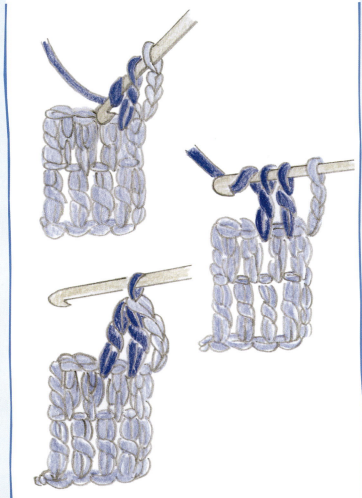

38

ZUNAHME UND ABNAHME

Täschchen

Beuteltäschchen

1 Für die Vorderseite 12 Luftmaschen + eine Wende-Luftmasche anschlagen und in Reihen wie folgt häkeln:
1. Reihe: 12 feste Maschen häkeln, dabei die 1. feste Masche in die 2. Luftmasche von der Nadel aus arbeiten.

2 Nun weiter im Grundmuster II häkeln, dabei das 1. Stäbchen jeder Reihe durch 3 Luftmaschen ersetzen. Für die Zunahmen in die angegebenen Maschen der Vor-Reihe je 2 Stäbchen in eine Einstichstelle häkeln:
2. Reihe: in die 1., 6., 7. und 12. feste Masche = 16 Stäbchen
3. Reihe: in das 1., 7., 10. und 16. Stäbchen = 20 Stäbchen
4. Reihe: in das 1., 8., 13. und 20. Stäbchen = 24 Stäbchen
5. Reihe: in das 1., 9., 16. und 24. Stäbchen = 28 Stäbchen
6. Reihe: in das 1., 10., 19. und 28. Stäbchen = 32 Stäbchen
7. Reihe: in das 1., 11., 22. und 32. Stäbchen = 36 Stäbchen
8. Reihe: in das 1., 12., 25. und 36. Stäbchen = 40 Stäbchen
9.-16. Reihe: je 40 Stäbchen häkeln

3 Für die Abnahmen die angegebenen Maschen der Vor-Reihe zusammenhäkeln:
17. Reihe: das 1./2., das 13./14., das 27./28. und das 39./40. Stäbchen = 36 Stäbchen
18. Reihe: das 1./2., das 12./13, das 24./25. und das 35./36. Stäbchen = 32 Stäbchen. Danach den Faden abschneiden. Die Rückseite genauso häkeln.

4 Vorder- und Rückseite aufeinander legen und mit festen Maschen zusammenhäkeln, dabei um jedes Randstäbchen je 2 feste Maschen häkeln. Beuteltäschchen wenden. 2 Fäden von je ca. 2 m Länge zusammenlegen und zu einer Kordel von ca. 80 cm Länge drehen. Die Kordel am oberen Rand einziehen. Hierfür an einer Seite beginnen und die Kordel in die oberste Stäbchen-Reihe von Vorder- und Rückseite ziehen, dabei die Kordel abwechselnd über und unter den Stäbchen durchführen.

Brusttäschchen

1 Für die Rückseite 12 Luftmaschen + eine Wende-Luftmasche anschlagen und im Grundmuster I häkeln.
1. Reihe: 12 feste Maschen häkeln
2.-9. Reihe: in jeder Reihe beidseitig je 2 feste Maschen in eine Einstichstelle häkeln = 28 feste Maschen nach der 9. Reihe
10.-29. Reihe: je 28 feste Maschen häkeln
30.-38. Reihe: in jeder Reihe beidseitig je 2 feste Maschen zusammenhäkeln = 12 feste Maschen nach der 38. Reihe. Danach den Faden abschneiden. Die ersten 25 Reihen bilden die Rückseite, die übrigen 13 Reihen bilden die Taschenklappe.

2 Für die Vorderseite 12 Luftmaschen + eine Wende-Luftmasche anschlagen und die 1.-25. Reihe wie bei der Rückseite beschrieben häkeln. Danach den Faden abschneiden.

3 Vorder- und Rückseite aufeinander legen und an den seitlichen Rändern und am unteren Rand mit festen Maschen zusammenhäkeln. Die Taschenklappe nach vorne umschlagen. Den äußeren Rand der Taschenklappe mit festen Maschen wie folgt behäkeln: Zuerst die linke seitliche Kante behäkeln und in die Ecke 2 feste Maschen in eine Einstichstelle häkeln. Dann je eine feste Masche in die ersten 5 festen Maschen der unteren Kante arbeiten. Nun für die Knopflochschlinge 4 Luftmaschen häkeln und anschließend je eine feste Masche in die letzten 5 festen Maschen der unteren Kante arbeiten. Die mittleren 2 festen Maschen werden mit den 4 Luftmaschen übersprungen. Danach noch 2 feste Maschen in die Ecke häkeln und zuletzt die rechte seitliche Kante behäkeln.

4 Zwei Fäden von je ca. 2 m Länge zusammenlegen und zu einer Kordel von ca. 80 cm Länge drehen. Die Kordel an die seitlichen Ränder nähen. Den Knopf an der entsprechenden Stelle an die Vorderseite nähen.

GRÖSSE
Beuteltäschchen
ca. 16 cm x 13 cm
Brusttäschchen
ca. 11 cm x 9 cm

MATERIAL
- Häkelnadel Nr. 2,5

BEUTELTÄSCHCHEN
- Schachenmayr Regia Stretch Color in Clown Color (Fb 81), 50 g

BRUSTTÄSCHCHEN
- Schachenmayr Regia Color in Ringel-Clown (Fb 5048), 50 g
- Knopf in Rosa, 1,5 cm x 1,5 cm

GRUNDMUSTER I
In Reihen feste Maschen häkeln. In der 1. Reihe die 1. feste Masche in die 2. Luftmasche von der Nadel aus arbeiten. Jede weitere Reihe mit einer zusätzlichen Luftmasche wenden.

GRUNDMUSTER II
In Reihen Stäbchen häkeln. Das 1. Stäbchen jeder Reihe durch 3 Luftmaschen ersetzen. Am Ende der Reihe das letzte Stäbchen in die oberste Luftmasche des 1. Stäbchens der Vor-Reihe häkeln.

MASCHENPROBE
25 Maschen und 28 Reihen mit Nadel Nr. 2,5 im Grundmuster I gehäkelt = 10 cm x 10 cm

25 Maschen und 14 Reihen mit Nadel Nr. 2,5 im Grundmuster II gehäkelt = 10 cm x 10 cm

---

Die Wolle für das Brusttäschchen hat sehr lange Farbrapporte. Wenn du bei der Vorder- und Rückseite jeweils mit einem Farbrapport gleicher Farbe beginnst, bekommst du für beide Teile denselben Streifenverlauf.

Wandbehang mit Taschen

Wandbehang

1 3 Luftmaschen + eine Wende-Luftmasche mit Boston und Nadel Nr. 7 anschlagen und im Grundmuster häkeln.
1. Reihe: 3 feste Maschen häkeln
2.-17. Reihe: in jeder Reihe beidseitig je 2 feste Maschen in eine Einstichstelle häkeln = 35 feste Maschen nach der 17. Reihe
18.-49. Reihe: je 35 feste Maschen häkeln.

2 Den Faden nicht abschneiden, sondern für die erste Aufhängeschlaufe die Arbeit wenden und über die ersten 5 Maschen 10 Reihen feste Maschen häkeln. Danach den Faden abschneiden.

3 Für die zweite Aufhängeschlaufe den Faden an der 11. festen Masche der 49. Reihe neu anschlingen und über die 11.-15. feste Masche 10 Reihen feste Maschen häkeln. Den Faden abschneiden.

4 Die dritte Aufhängeschlaufe über die 21.-25. feste Masche, die vierte Aufhängeschlaufe über die 31.-35. feste Masche der 49. Reihe genauso arbeiten.

5 Die Aufhängeschlaufen nach vorne umschlagen und am oberen Rand festnähen.

Taschen

Hinweis
Alle Taschen mit doppeltem Faden Jazz und Nadel Nr. 5 im Grundmuster häkeln.

Dreieck

1 3 Luftmaschen + eine Wende-Luftmasche in Grün anschlagen
1. Reihe: 3 feste Maschen häkeln
2.-14. Reihe: in jeder Reihe beidseitig je 2 feste Maschen in eine Einstichstelle häkeln = 29 feste Maschen nach der 14. Reihe
15. und 16. Reihe: je 29 feste Maschen häkeln.

2 Danach den Faden abschneiden.

Rechteck

1 39 Luftmaschen + eine Wende-Luftmasche in Dunkelblau anschlagen und 9 Reihen häkeln.

2 Danach den Faden abschneiden.

Kreis

1 5 Luftmaschen + eine Wende-Luftmasche in Grün anschlagen
1. Reihe: 5 feste Maschen häkeln
2.-5. Reihe: in jeder Reihe beidseitig je 2 feste Maschen in eine Einstichstelle häkeln = 13 feste Maschen nach der 13. Reihe
6.-11. Reihe: je 13 feste Maschen häkeln
12.-15. Reihe: in jeder Reihe beidseitig je 2 feste Maschen zusammenhäkeln = 5 feste Maschen nach der 15. Reihe.

2 Danach den Faden abschneiden.

Quadrat

1 13 Luftmaschen + eine Wende-Luftmasche in Helltürkis anschlagen und 14 Reihen häkeln.

2 Danach den Faden abschneiden.

Fertig stellen

1 Die Taschen auf den Wandbehang nähen. Dabei das Rechteck in der Mitte senkrecht abnähen, sodass zwei Taschen entstehen.

2 Den Canna-Stab durch die Aufhängeschlaufen schieben.

3 Aus Boston eine Quaste von ca. 10 cm Länge anfertigen und an der Spitze am unteren Rand befestigen (siehe auch Seite 15).

GRÖSSE
ca. 33 cm x 40 cm

MATERIAL
- Schachenmayr Boston Multi Color in Grün-Blau color (Fb 191), 100 g
- Schachenmayr Jazz in Dunkelblau (Fb 51), Helltürkis (Fb 66) und Grün (Fb 72), Reste
- Häkelnadel Nr. 5 und 7
- feste Pappe, ca. 7 cm x 10 cm
- Canna-Stab in Dunkelblau, 40 cm lang

MASCHENPROBE
10,5 Maschen und 12 Reihen mit Boston und Nadel Nr. 7 im Grundmuster gehäkelt = 10 cm x 10 cm

13,5 Maschen und 15 Reihen mit doppeltem Faden Jazz und Nadel Nr. 5 im Grundmuster gehäkelt = 10 cm x 10 cm

GRUNDMUSTER
In Reihen feste Maschen häkeln. In der 1. Reihe die 1. feste Masche in die 2. Luftmasche von der Nadel aus arbeiten. Jede weitere Reihe mit einer zusätzlichen Luftmasche wenden.

In Runden häkeln

Für kreisrunde Häkelteile, wie z. B. Mützen, beginnt man in der Mitte und häkelt in Runden gleichmäßig nach außen, wobei in jeder Runde mehrere Maschen zugenommen werden müssen, damit das Häkelteil seine runde Form bekommt. Die Häkelteile werden nicht gewendet, d. h., es wird stets auf der Vorderseite gehäkelt. Als unentbehrliche Masche beim Runden-Häkeln benötigst du die Kettmasche.

Kettmaschen

Kettmaschen sind flache Maschen, die beim Häkeln in Reihen und Runden verwendet werden. In Reihen gehäkelte Kettmaschen werden häufig als Randabschluss verwendet (siehe auch Ausarbeitung auf Seite 76) oder zum Abnehmen von Maschen am Reihenanfang, wenn eine flache gerade Kante entstehen soll. Man bezeichnet dies dann als „Maschen mit Kettmaschen überspringen".

So geht's

1 Zuerst eine Luftmaschen-Kette mit der benötigten Anzahl Luftmaschen + eine Wende-Luftmasche anschlagen und die 1. Kettmasche wie bei den festen Maschen beschrieben in die 2. Luftmasche von der Nadel aus häkeln.

2 Nach dem Einstechen den Faden durch die Schlinge der Luftmasche und dann sofort durch die Schlinge auf der Häkelnadel ziehen.

Hinweis

Auf festen Maschen oder Stäbchen werden den Kettmaschen genauso gearbeitet.

3 Wird in Runden gehäkelt, zuerst eine Luftmaschen-Kette mit der benötigten Anzahl Luftmaschen angeschlagen. Nun die Luftmaschen-Kette zur Runde schließen. Hierfür eine Kettmasche in die letzte Luftmasche häkeln.

Achtung!

Je länger die Luftmaschen-Kette ist, desto größer wird das Loch in der Mitte.

In Runden feste Maschen häkeln – Spiralrunden

Spiralrunden werden bei festen Maschen häufig gehäkelt, da keine sichtbaren Übergänge entstehen und dadurch das Maschenbild gleichmäßig erscheint.

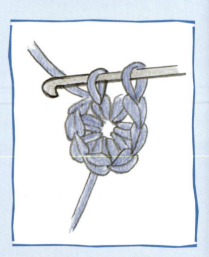

So geht's

1 Ist die Luftmaschen-Kette geschlossen, zuerst eine zusätzliche Luftmasche und in der 1. Runde eine entsprechende Anzahl feste Maschen in den Ring häkeln. Ist die 1. Runde beendet, die zusätzliche Luftmasche der 1. Runde überspringen und die 1. feste Masche der 2. Runde in die 1. feste Masche der 1. Runde häkeln.

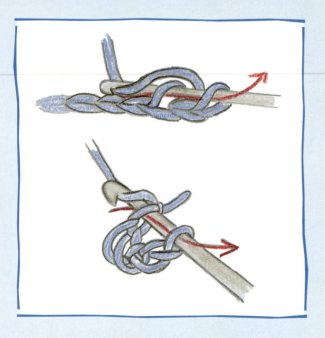

In Runden Stäbchen häkeln

So geht's

1 Nach dem Schließen der Runde 3 Luftmaschen als Ersatz für das 1. Stäbchen anschlagen und in der 1. Runde die entsprechende Anzahl Stäbchen in den Luftmaschen-Ring häkeln.

2 Nun die Runde mit einer Kettmasche in die oberste Luftmasche des 1. Stäbchens schließen.

3 Dann in der 2. und jeder weiteren Runde je 3 Luftmaschen als Ersatz für das 1. Stäbchen anschlagen und die Runden entsprechend häkeln. Die 2. und alle weiteren Runden mit je einer Kettmasche wie beschrieben schließen.

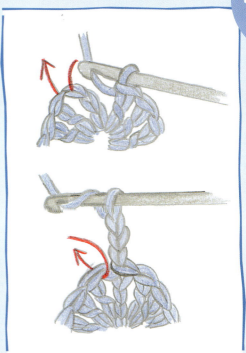

2 Zur Übersicht und zum besseren Abzählen der einzelnen Runden, den Rundenanfang mit einem Kontrastfaden markieren. Hierfür zwischen die letzte Masche der 1. Runde und die 1. Masche der 2. Runde einen Faden einlegen.

Es ist ratsam, in regelmäßigen Abständen einen weiteren Kontrastfaden einzulegen. Die Kontrastfäden liegen dann auf einer geraden Linie.

Gleichmäßige Zu- und Abnahmen

Damit Häkelteile kreisrund werden, werden die Zunahmen regelmäßig über die gesamte Runde verteilt gehäkelt. Dies gilt für feste Maschen und Stäbchen.

So geht's

1 Soll in Runden gleichmäßig zugenommen werden, die Zunahme der neuen Runde in die 2. feste Masche der Zunahme der Vor-Runde häkeln.

2 Soll in Runden gleichmäßig abgenommen werden, die Masche der Abnahme der Vor-Runde in der neuen Runde mit der davor liegenden Masche zusammenhäkeln.

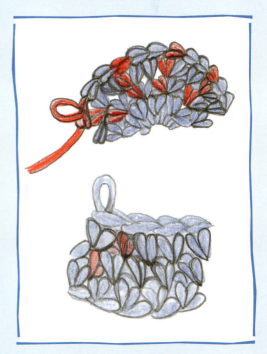

GRÖSSE
ø ca. 11 cm

MATERIAL
- Schachenmayr Catania Color in Lava (Fb 26), Asia (Fb 35) und Catalin (Fb 30), je 50 g
- Häkelnadel Nr. 3
- je 1 Döschen Glasschliff-Würfel in Hellgelb, Lila und Rot, 6 mm x 6 mm
- transparentes Nähgarn

Glasuntersetzer

Wenn du in jeder Runde regelmäßig zunimmst, so entstehen automatisch an den Zunahmen kleine Spitzen, sodass das Häkelteil eine Form annimmt. Soll das Häkelteil flach liegen, so müssen in jeder Runde Zunahmen gehäkelt werden. Bei gewölbten Häkelteilen wie z.B. bei den Jonglierbällen auf S. 48 werden Runden ohne Zunahmen zwischen Runden mit Zunahmen gehäkelt.

1 2 Luftmaschen anschlagen und in Spiralrunden feste Maschen häkeln. Den Rundenanfang mit einem Kontrastfaden markieren.
1. Runde: 7 feste Maschen in die 2. Luftmasche von der Nadel aus
2. Runde: in jede feste Masche je 2 feste Maschen häkeln = 14 feste Maschen
3. Runde: in jede 2. feste Masche je 2 feste Maschen häkeln = 21 feste Maschen
4.-13. Runde: in jeder Runde gleichmäßig verteilt über den gleichen Stellen 7 x je 2 feste Maschen in eine Einstichstelle häkeln = 91 feste Maschen nach der 13. Runde.

2 Danach den Faden abschneiden.

3 Je ein Glasuntersetzer pro Farbe häkeln. Die Glasschliff-Würfel gleichmäßig verteilt an die Außenränder der Glasuntersetzer wie folgt nähen: die hellgelben an den Untersetzer aus Asia, die lilafarbenen an den Untersetzer aus Lava und die roten an den Untersetzer aus Catalin. Zuerst an den Spitzen über den Zunahmen, dann mittig zwischen den Spitzen je einen Glasschliff-Würfel festnähen.

Zwei Mützen

Blaue Mütze

GRÖSSE
ca. 51 cm bis 53 cm Kopfumfang

MATERIAL BLAUE MÜTZE
- Schachenmayr Rosato in Ultramarin (Fb 51), 50 g
- Schachenmayr Dacapo in Jeans (Fb 52), 50 g
- Häkelnadel Nr. 4 und 4,5
- feste Pappe, ca. 5 cm x 10 cm oder evtl. Pompon-Set

PINKFARBENE MÜTZE
- Schachenmayr Rosato in Pink (Fb 36), 50 g
- Schachenmayr Jazz in Orange (Fb 26), 50 g
- Schachenmayr Catania in Apfelgrün (Fb 205), Rest
- Häkelnadel Nr 3, 4 und 4,5

GRUNDMUSTER
In Spiralrunden feste Maschen häkeln. Die festen Maschen der 1. Runde in die 2. Luftmasche von der Nadel aus arbeiten. Den Rundenanfang mit einem Kontrastfaden markieren.

1 Für die Mütze 2 Luftmaschen mit Rosato und Nadel Nr. 4,5 anschlagen und im Grundmuster häkeln.
1. Runde: 6 feste Maschen in die 2. Luftmasche von der Nadel aus
2. Runde: in jede feste Masche je 2 feste Maschen häkeln = 12 feste Maschen
3. Runde: in jede 2. feste Masche je 2 feste Maschen häkeln = 18 feste Maschen
4.-20. Runde: in jeder Runde gleichmäßig verteilt über den gleichen Stellen 6 x je 2 feste Maschen in eine Einstichstelle häkeln = 120 feste Maschen nach der 20. Runde (= ø 23,5 cm)
21.-23. Runde: je 120 feste Maschen häkeln. Den Faden abschneiden. Nun für den Mützenrand mit Dacapo und Nadel Nr. 4 weiterhäkeln.
24. Runde: 120 feste Maschen häkeln
25. Runde: jede 7. und 8. feste Masche zusammenhäkeln = 105 feste Maschen
26. und 27. Runde: je 105 feste Maschen häkeln
28. Runde: jede 6. und 7. feste Masche zusammenhäkeln = 90 feste Maschen
29.-32. Runde: in jeder geraden Runde gleichmäßig verteilt über den gleichen Stellen 15 x je 2 feste Maschen zusammenhäkeln = 60 feste Maschen nach der 32. Runde
33.-36. Runde: je 60 feste Maschen häkeln.

2 Danach den Faden abschneiden.

3 Zuletzt aus Dacapo einen Pompon von ø ca. 5 cm anfertigen auf die Mitte nähen.

Pinkfarbene Mütze

1 Wie bei der blauen Mütze beschrieben häkeln, jedoch die Mütze in Pink mit Nadel Nr. 4,5 und den Mützenrand in Orange mit Nadel Nr. 4 arbeiten.

2 Die Blümchen wie beim Blümchen vom Blümchen-Schmuck (Haarspange) auf Seite 55 beschrieben in Apfelgrün mit Nadel Nr. 3 ausführen. Drei Blümchen häkeln und am Mützenrand und auf der Mitte befestigen.

Bikini

Hinweis
Die Angaben für die Größe 146/152 stehen in Klammern. Ist nur eine Angabe gemacht, so gilt diese für beide Größen.

Hose

1 Für das rückwärtige Hosenteil 9 Luftmaschen + 3 Wende-Luftmaschen anschlagen und im Grundmuster häkeln.
1. Reihe: 9 Stäbchen häkeln
2.-21. (2.-23.) Reihe: in jeder geraden Reihe beidseitig 2 x je 2 Stäbchen (= in das 1. und 2. Stäbchen sowie in das vorletzte und letzte Stäbchen) und in jeder ungeraden Reihe beidseitig 1 x je 2 Stäbchen in eine Einstichstelle = 69 (75) Stäbchen nach der 21. (23.) Reihe
22. (24.) Reihe: 69 (75) Stäbchen häkeln
23. (25.) Reihe: nun zuerst für das erste Bindeband 90 Luftmaschen + eine Wende-Luftmasche anschlagen und auf die Luftmaschen-Kette 90 feste Maschen häkeln, dann 69 (75) Stäbchen arbeiten, danach für das zweite Bindeband 90 Luftmaschen + eine Wende-Luftmasche anschlagen und auf die Luftmaschen-Kette 90 feste Maschen häkeln.
24. (26.) Reihe: in jedes Stäbchen eine Kettmasche häkeln.
Danach den Faden abschneiden.

GRÖSSE
134/140 (146/152)

MATERIAL
- Schachenmayr Catania Color in Catalin (Fb 30), 150 g (150 g)
- Häkelnadel Nr. 3

MASCHENPROBE
21 Stäbchen und 11 Reihen im Grundmuster gehäkelt = 10 cm x 10 cm

GRUNDMUSTER
In Reihen Stäbchen häkeln. Jede Reihe mit 3 zusätzlichen Luftmaschen wenden.

SCHNITT SEITE 80

2 Für das vordere Hosenteil das rückwärtige Hosenteil um 180° drehen, d. h., die letzte Reihe Stäbchen liegt unten, die Anschlagkante liegt oben. Nun den Faden an der Anschlagkante neu anschlingen.
1. Reihe: 9 Stäbchen aus der Anschlagkante heraushäkeln
2.-5. Reihe: je 9 Stäbchen häkeln
6.-22. (6.-24.) Reihe: Die Zunahmen in den geraden (4 Maschen zunehmen) und ungeraden Reihen (2 Maschen zunehmen) wie beim rückwärtigen Hosenteil beschrieben arbeiten = 63 (69) Stäbchen nach der 22. (24.) Reihe
23. (25.) Reihe: 63 (69) Stäbchen häkeln
24. (26.) Reihe: 63 (69) Stäbchen häkeln, und beidseitig je ein Bindeband wie beim rückwärtigen Hosenteil beschrieben arbeiten
25. (27.) Reihe: in jedes Stäbchen eine Kettmasche häkeln.
Danach den Faden abschneiden.

Oberteil

1 25 (27) Luftmaschen + eine Wende-Luftmasche anschlagen und in der 1. Reihe feste Maschen häkeln, dabei die 1. feste Masche in die 2. Luftmasche von der Nadel aus arbeiten. Anschließend im Grundmuster weiterhäkeln.

2 Nach 34 (36) cm noch eine Reihe feste Maschen häkeln, dabei am Reihenanfang nur eine Wende-Luftmasche arbeiten. Danach den Faden nicht abschneiden.

3 Nun zuerst für das erste Bindeband 100 Luftmaschen + eine Wende-Luftmasche anschlagen und auf die Luftmaschen-Kette 100 feste Maschen häkeln. Dann über die Kante des Oberteils in jede feste Masche eine Kettmasche arbeiten und zuletzt für das zweite Bindeband 100 Luftmaschen + eine Wende-Luftmasche anschlagen und auf die Luftmaschen-Kette 100 feste Maschen häkeln.

4 Das zweite Bindeband mit einer Kettmasche am Oberteil anhäkeln und den Faden abschneiden.

5 Auf der gegenüber liegenden Seite den Faden an der Anschlagkante anschlingen. Nun zuerst das erste Bindeband häkeln, dann in jede Masche der Anschlagkante eine Kettmasche häkeln und danach das zweite Bindeband arbeiten. Das zweite Bindeband mit einer Kettmasche anhäkeln und den Faden abschneiden.

6 Für den Träger 90 Luftmaschen + eine Wende-Luftmasche anschlagen und auf die Luftmaschen-Kette 90 feste Maschen häkeln, dabei die 1. feste Masche in die 2. Luftmasche von der Nadel aus arbeiten. Danach den Faden abschneiden. Den Träger 2 x häkeln.

7 Für die Ringschlaufe 20 (22) Luftmaschen anschlagen, mit einer Kettmasche zur Runde schließen und in Spiralrunden über 4 Runden feste Maschen häkeln. Den Rundenanfang mit einem Kontrastfaden markieren. Die letzte Runde mit einer Kettmasche in die 1. feste Masche schließen. Danach den Faden abschneiden.

8 Das Oberteil durch die Ringschlaufe ziehen, mittig legen und das Oberteil so raffen, dass schöne Falten entstehen. Ringschlaufe und Falten auf der Rückseite festnähen. Die Träger ca. 5 cm von den Schmalseiten entfernt an den oberen Rand des Oberteiles nähen.

Bevor du die Träger festnähst, solltest du diese feststecken und das Teil anprobieren, damit du die Träger eventuell noch korrigieren kannst.

Jonglierbälle

1 2 Luftmaschen anschlagen und in Spiralrunden feste Maschen häkeln. Den Rundenanfang mit einem Kontrastfaden markieren.
1. Runde: 8 feste Maschen in die 2. Luftmasche von der Nadel aus
2. Runde: in jede feste Masche je 2 feste Maschen häkeln = 16 feste Maschen
3. Runde: in jede 2. feste Masche je 2 feste Maschen häkeln = 24 feste Maschen
4.-9. Runde: feste Maschen, dabei in der 5., 6., 8. und 9. Runde gleichmäßig verteilt über den gleichen Stellen 8 x je 2 feste Maschen in eine Einstichstelle häkeln = 56 feste Maschen nach der 9. Runde
10.-22. Runde: je 56 feste Maschen häkeln
23. Runde: jede 6. und 7. feste Masche zusammenhäkeln = 48 feste Maschen
24.-29. Runde: in der 24., 26., 27. und 29. Runde gleichmäßig verteilt über den gleichen Stellen 8 x je 2 feste Maschen zusammenhäkeln = 16 feste Maschen nach der 29. Runde. Den Ball nach der 25. und 28. Runde stopfen.
30. Runde: 8 x je 2 feste Maschen zusammenhäkeln = 8 feste Maschen.

2 Den Faden abschneiden. Den Ball eventuell noch etwas nachstopfen und dann die Maschen mit dem Arbeitsfaden zusammenziehen.

Wie bei allen Colorgarnen, entsteht das Muster der Bälle aus dem Knäuel. Aus einem Knäuel kannst du zwei Bälle häkeln. Um das Muster des dritten Balles nicht durch das Anschlingen eines neuen Fadens zu stören, ist es ratsam, für diesen einen neuen Knäuel anzufangen.

GRÖSSE
Umfang ca. 26 cm

MATERIAL FÜR 3 BÄLLE
- Schachenmayr Catania Color in Clown (Fb 82), 100 g
- Häkelnadel Nr. 3
- Füllwatte

Hüfttuch

Hinweis

Das Hüfttuch wird in der Mitte der oberen Längskante begonnen. Durch gleichmäßige Zunahmen entsteht ein Halbkreis. Vier nach außen gehende Stäbchen-Reihen unterteilen das Tuch in drei Flächen, die in einem Netzmuster gehäkelt sind.

1 Zuerst 4 Luftmaschen in Himmelblau anschlagen und wie folgt häkeln:

1. Reihe: 9 Stäbchen, dabei das 1. Stäbchen in die 4. Luftmasche von der Nadel aus arbeiten. Jede weitere Reihe mit 3 zusätzlichen Luftmaschen wenden.

2. Reihe: eine Gruppe (= 3 Stäbchen) in das 1. Stäbchen, ein Luftmaschen-Bogen (= 3 Luftmaschen), eine Gruppe in das folgende 3. Stäbchen, ein Luftmaschen-Bogen, eine Gruppe in das folgende 2. Stäbchen, ein Luftmaschen-Bogen, eine Gruppe in das folgende 3. Stäbchen (= letztes Stäbchen)

3. Reihe: eine Gruppe in das 1. Stäbchen der 1. Gruppe, ein Luftmaschen-Bogen, ein Stäbchen in die mittlere Luftmasche des folgenden Luftmaschen-Bogens, ein Luftmaschen-Bogen, eine Gruppe in das mittlere Stäbchen der 2. Gruppe, ein Luftmaschen-Bogen, ein Stäbchen in die mittlere Luftmasche des folgenden Luftmaschen-Bogens, ein Luftmaschen-Bogen, eine Gruppe in das mittlere Stäbchen der 3. Gruppe, ein Luftmaschen-Bogen, ein Stäbchen in die mittlere Luftmasche des folgenden Luftmaschen-Bogens, ein Luftmaschen-Bogen, eine Gruppe in das letzte Stäbchen der 4. Gruppe

4.-33. Reihe: wie bei der 3. Reihe beschrieben fortfahren, dabei die Gruppen jeder neuen Reihe stets in die entsprechenden Stäbchen, wie in der 3. Reihe beschrieben, häkeln. Zwischen den Gruppen stets abwechselnd ein Luftmaschen-Bogen und ein Stäbchen arbeiten. Hier werden pro Reihe stets ein Luftmaschen-Bogen und ein Stäbchen mehr gehäkelt

34. Reihe: für den äußeren Rand in die Stäbchen jeder Gruppe je ein Stäbchen und um die Luftmaschen-Bogen je 3 Stäbchen häkeln.

2 Danach den Faden abschneiden.

3 Für die Punkte zum Verzieren des Hüfttuchs 2 Luftmaschen anschlagen und in Spiralrunden feste Maschen häkeln. Den Rundenanfang mit einem Kontrastfaden markieren

1. Runde: 8 feste Maschen in die 2. Luftmasche von der Nadel aus

2. Runde: in jede feste Masche je 2 feste Maschen häkeln = 16 feste Maschen

3. Runde: in jede feste Masche je eine Kettmasche häkeln.

4 Danach den Faden abschneiden. Je sechs Punkte in Hellgelb, Rosa und Hellgrün häkeln.

5 Die Punkte gleicher Farbe auf einem Drittel des Hüfttuches gleichmäßig verteilt festnähen. (Die gelben Punkte sind auf der Rückseite des Tuchs, du kannst sie auf der Abbildung nicht sehen)

GRÖSSE
ca. 100 cm x 40 cm

MATERIAL
- Schachenmayr Catania in Himmelblau (Fb 111), 100 g
- Schachenmayr Catania in Hellgelb (Fb 100), Rosa (Fb 222) und Hellgrün (Fb 236), Reste
- Häkelnadel Nr. 3

Formen stopfen

Während des Häkelns von geschlossenen Formen für z.B. Schmusetiere oder Puppen, ist es wichtig, dass du in regelmäßigen Abständen die Formen stopfst. So erreichst du eine gleichmäßige Festigkeit. Außerdem ist es einfacher eine Form mit einer großen Öffnung zu stopfen, als wenn zum Schluss nur noch eine kleine Öffnung übrig bleibt und alles noch gestopft werden muss. Als sehr nützliches Hilfsmittel zum Stopfen, hat sich der Stiel eines Kochlöffels bewährt.

ZUNAHME UND ABNAHME

Mimi-Maus

Körper

1 2 Luftmaschen mit je einem Faden Rosato und Brazilia und Nadel Nr. 4,5 anschlagen und im Grundmuster I wie folgt häkeln:
1. Runde: 8 feste Maschen häkeln
2. Runde: in jede feste Masche 2 feste Maschen häkeln = 16 feste Maschen
3. Runde: in jede 2. feste Masche je 2 feste Maschen häkeln = 24 feste Maschen
4.-7. Runde: in jeder Runde gleichmäßig verteilt je 2 feste Maschen in eine Einstichstelle häkeln, jedoch die 6. Runde ohne Zunahmen arbeiten = 48 feste Maschen nach der 7. Runde
8.-14. Runde: je 48 feste Maschen häkeln
15. Runde: jede 11. und 12. feste Masche zusammenhäkeln = 44 feste Maschen
16.-34. Runde: in jeder ungeraden Runde gleichmäßig verteilt über den gleichen Stellen 4 x je 2 feste Maschen zusammenhäkeln = 8 feste Maschen nach der 34. Runde.

2 Während der Abnahmen den Körper gleichmäßig ausstopfen. Danach den Faden abschneiden. Den Körper eventuell noch etwas nachstopfen und dann die Maschen zusammenziehen.

Kopf

1 2 Luftmaschen mit je einem Faden Rosato und Brazilia und Nadel Nr. 4,5 anschlagen und im Grundmuster I wie folgt häkeln:
1. Runde: 6 feste Maschen häkeln
2. Runde: in jede feste Masche 2 feste Maschen häkeln = 12 feste Maschen
3. Runde: in jede 2. feste Masche je 2 feste Maschen häkeln = 18 feste Maschen
4. Runde: in jede 3. feste Masche je 2 feste Maschen häkeln = 24 feste Maschen
5. Runde: in jede 6. feste Masche je 2 feste Maschen häkeln = 28 feste Maschen
6. Runde: 28 feste Maschen häkeln
7. Runde: jede 6. und 7. feste Masche zusammenhäkeln = 24 feste Maschen
8.-16. Runde: in jeder ungeraden Runde gleichmäßig verteilt über den gleichen Stellen 4 x je 2 feste Maschen zusammenhäkeln = 8 feste Maschen nach der 16. Runde.

2 Während der Abnahmen den Kopf gleichmäßig ausstopfen. Danach den Faden abschneiden. Den Kopf eventuell noch etwas nachstopfen und dann die Maschen zusammenziehen.

Arme und Beine
(je 2 x häkeln)

1 Für die Pfote 2 Luftmaschen mit Rosato und Nadel Nr. 4 anschlagen
1.-3. Runde: im Grundmuster I wie beim Körper beschrieben häkeln
4.-11. Runde: je 24 feste Maschen häkeln
12. Runde: 12 x je 2 feste Maschen zusammenhäkeln = 12 feste Maschen.

2 Pfote ausstopfen und für den Arm bzw. das Bein in der **13.-34. Runde:** je 12 feste Maschen häkeln.

3 Danach den Faden abschneiden. Den Arm bzw. das Bein leicht mit Füllwatte füllen, sodass diese weich und beweglich sind.

Ohren (2 x häkeln)

1 3 Luftmaschen + eine Wende-Luftmasche mit doppeltem Faden Rosato und Nadel Nr. 4,5 anschlagen und im Grundmuster II häkeln:
1. Reihe: 3 feste Maschen häkeln
2. und 3. Reihe: beidseitig je 2 feste Maschen in eine Einstichstelle häkeln = 7 feste Maschen nach der 3. Reihe
4. und 5. Reihe: beidseitig je 2 feste Maschen zusammenhäkeln = 3 feste Maschen nach der 5. Reihe.

2 Danach den Faden abschneiden.

Schwanz

Zwei ca. 95 cm lange Fäden Rosato zusammenlegen und zu einer Kordel von ca. 35 cm Länge drehen.

Fertig stellen

1 Den Kopf so auf den Körper nähen, dass das spitze Ende als Nase nach vorne übersteht. Die Arme und Beine sowie den Schwanz an den Körper, die Ohren an den Kopf nähen.

2 Die kleinen Kugelknöpfe als Augen, den großen Kugelknopf als Nase annähen. Aus dem Perlonfaden drei Stücke von ca. 10 cm Länge abschneiden und als Barthaare in die Nase ziehen. Die Barthaare mit Klebstoff fixieren.

GRÖSSE
ca. 44 cm hoch
Bauchumfang ca. 39 cm

MATERIAL
- Schachenmayr Rosato in Rosa (Fb 35), 150 g
- Schachenmayr Brazilia in Rosa (Fb 37), 50 g
- Häkelnadel Nr. 4 und 4,5
- 2 Kugelknöpfe in Schwarz, ø 1 cm
- Kugelknopf in Schwarz, ø 1,4 cm
- Perlonfaden in Schwarz, ø 0,5 mm
- UHU Alleskleber

GRUNDMUSTER I
In Spiralrunden feste Maschen häkeln. Die festen Maschen der 1. Runde in die 2. Luftmasche von der Nadel aus arbeiten. Den Rundenanfang mit einem Kontrastfaden markieren.

GRUNDMUSTER II
In Reihen feste Maschen häkeln. In der 1. Reihe die 1. feste Masche in die 2. Luftmasche von der Nadel aus arbeiten. Jede weitere Reihe mit einer zusätzlichen Luftmasche wenden.

Anstelle der Kugelknöpfe zum Aufnähen gibt es auch Plastik-Halbperlen, die aufgeklebt werden können.

Mini-Model

Kleid

1 30 Luftmaschen + eine Wende-Luftmasche mit Catania und Nadel Nr. 3 anschlagen und im Grundmuster häkeln. Die Anschlagkante bildet den oberen Ausschnittrand.

1.-6. Reihe: je 30 feste Maschen häkeln (= 13,5 cm breit)
7. Reihe: die 10. und 11. sowie die 20. und 21. feste Masche zusammenhäkeln = 28 feste Maschen
8. Reihe: 28 feste Maschen häkeln
9. Reihe: die 10. und 11. sowie die 18. und 19. feste Masche zusammenhäkeln = 26 feste Maschen
10. und 11. Reihe: je 26 feste Maschen häkeln
12. Reihe: in die 6., 10., 17. und 21. feste Masche je 2 feste Maschen häkeln = 30 feste Maschen
13. Reihe: in die 10. und 20. feste Masche je 2 feste Maschen häkeln = 32 feste Maschen
14. Reihe: in die 10. und 22. feste Masche je 2 feste Maschen häkeln = 34 feste Maschen
15.-19. Reihe: je 34 feste Maschen häkeln (= 16 cm breit)

2 Nach der 19. Reihe die Maschen mit einer Kettmasche zur Runde schließen, dabei in die 3. feste Masche einstechen. Die 1. und 2. feste Masche bleiben unbehäkelt stehen und bilden den Untertritt für den Verschluss auf der Rückseite des Kleides. Nun noch einen Faden Brazilia dazu nehmen und in Spiralrunden weiter feste Maschen häkeln. Den Rundenanfang mit einem Kontrastfaden markieren.

1.-3. Runde: je 32 feste Maschen häkeln, dabei die 1. Runde mit Nadel Nr. 4, alle weiteren Runden mit Nadel Nr. 5 arbeiten.
4. Runde: in jede 8. feste Masche je 2 feste Maschen häkeln = 36 feste Maschen
5.-24. Runde: in jeder 4. Runde gleichmäßig verteilt über den gleichen Stellen 4 x je 2 feste Maschen in eine Einstichstelle häkeln = 56 feste Maschen nach der 24. Runde. Die letzte Runde mit einer Kettmasche in die 1. feste Masche schließen.

3 Danach den Faden abschneiden.

4 Den oberen Ausschnittrand mit 2 Reihen festen Maschen aus Brazilia und Nadel Nr. 3 behäkeln. Die Druckknöpfe am rückwärtigen Ausschnitt festnähen.

Kette

1 30 Rocailles auf den Elastikfaden fädeln. Kette um den Hals knoten und Fadenenden zurückschneiden.

2 Knoten mit einem Tropfen Klebstoff fixieren.

GRÖSSE
Brustumfang ca. 12,5 cm
Hüftumfang ca. 13,5 cm

MATERIAL
- Schachenmayr Catania in Hell-türkis (Fb 165), 50 g
- Schachenmayr Brazilia Color in Riviera (Fb 106), 50 g
- Häkelnadel Nr. 3, 4 und 5
- 2 Druckknöpfe, ø 7 mm
- Rocailles transparent in Türkis, ø 2,6 mm
- Elastikfaden, ø 1 mm
- UHU Alleskleber

GRUNDMUSTER
In Reihen feste Maschen häkeln. In der 1. Reihe die 1. feste Masche in die 2. Luftmasche von der Nadel aus arbeiten. Jede weitere Reihe mit einer zusätzlichen Luftmasche wenden.

Garne mit langen Härchen wie z.B. Brazilia sehen toll aus und werden deshalb gerne verwendet. Wenn du mit diesem Garn arbeitest, solltest du die Reihen während des Häkelns zählen und dir aufschreiben, da es im Nachhinein schwierig ist, die einzelnen Reihen genau zu sehen. Außerdem solltest du auch immer wieder die Maschenzahl prüfen, da es leicht passieren kann, dass man eine Masche vergisst oder zwei Maschen in eine Einstichstelle häkelt. Mit ein bisschen Übung ist es aber gar nicht mehr so schwierig.

Tasche

1 18 Luftmaschen mit Catania und Nadel Nr. 3 anschlagen, mit einer Kettmasche zur Runde schließen und in Spiralrunden 4 Runden feste Maschen häkeln.

2 Das Häkelteil doppelt aufeinander legen und den Boden am unteren Rand zusammennähen.

3 Für die Henkel 2 Luftmaschen-Ketten von je 12 Luftmaschen mit Brazilia und Nadel Nr. 3 häkeln und am oberen Rand von Vorder- und Rückseite festnähen.

Blümchen-Schmuck

Ansteckblumen

1 Für die großen Blümchen 2 Luftmaschen in Rot bzw. Clown Color anschlagen und in die 2. Luftmasche von der Nadel aus in Runden wie folgt häkeln:
1. Runde: 5 feste Maschen. Diese und die folgenden Runden mit einer Kettmasche in die entsprechende Anfangsmasche schließen.
2. Runde: in jede feste Masche je 2 feste Masche häkeln = 10 feste Maschen
3. Runde: * 3 Luftmaschen (= ein Luftmaschen-Bogen), eine Kettmasche in die folgende 2. feste Masche, ab * 4 x wiederholen = 5 Luftmaschen-Bogen
4. Runde: in jeden Luftmaschen-Bogen 2 feste Maschen, 4 Stäbchen, 2 feste Maschen häkeln = 5 Blütenblätter.
Den Faden abschneiden.

2 Nun in Hellgelb bzw. Orange noch je ein kleines Blümchen, wie bei den Ringen beschrieben, häkeln.

3 Die kleinen Blümchen auf die entsprechenden großen Blümchen legen und in der Mitte zusammennähen. Zuletzt in die Blütenmitten die Swarovski®-Blüten nähen. Die Anstecknadeln an die Rückseiten nähen.

Ringe

1 Für die kleinen Blümchen 5 Luftmaschen in Türkis anschlagen, mit einer Kettmasche zur Runde schließen und wie folgt häkeln: 2 Luftmaschen, * 2 Stäbchen in die folgende Luftmasche des Luftmaschen-Ringes, 2 Luftmaschen, eine Kettmasche in die nächste Luftmasche des Luftmaschen-Ringes, ab * 4 x wiederholen = 5 Blütenblätter.

2 Danach den Faden abschneiden. Die Perlen in die Blütenmitten kleben. Die Blümchen auf die Ringschienen kleben.

Haarspangen

1 Für die mittelgroßen Blümchen 2 Luftmaschen in Gelb bzw. Pink anschlagen und in die 2. Luftmasche von der Nadel aus in Runden wie folgt häkeln:
1. Runde: * eine feste Masche, 3 Luftmaschen (= ein Luftmaschen-Bogen), ab * 5 x wiederholen. Die Runde mit einer Kettmasche in die 1. feste Masche schließen
2. Runde: in den folgenden Luftmaschen-Bogen zuerst eine feste Masche und dann 4 Stäbchen häkeln. Zuletzt noch eine feste Masche arbeiten, diese aber mit der 1. festen Masche des 2. Luftmaschenbogens zusammenhäkeln. In den 2. Luftmaschen-Bogen 4 Stäbchen häkeln und dann die letzte feste Masche mit der 1. feste Masche des 3. Luftmaschen-Bogens zusammenhäkeln. Über alle übrigen Luftmaschen-Bogen genauso häkeln und die Runde mit einer Kettmasche in die 1. feste Masche schließen = 6 Blütenblätter.
Den Faden abschneiden.

2 Für die Häkelstreifen 19 Luftmaschen + eine Wende-Luftmasche in Fuchsia bzw. Apfelgrün anschlagen und 2 Reihen feste Maschen häkeln. Am Beginn der 2. Reihe eine zusätzliche Luftmasche häkeln. Danach den Faden abschneiden und vernähen.

3 Die Häkelstreifen auf die Haarspangen kleben und die Blümchen aufnähen. In die Blütenmitte des gelben Blümchens die gelben, in die Blütenmitte des pinkfarbenen Blümchens die roten Glasschliffperlen nähen.

GRÖSSE
Blümchen
Ansteckblume ca. ø 5,5 cm
Haarspange ca. ø 4 cm
Ring ca. ø 3 cm

MATERIAL
- Häkelnadel Nr. 3
- UHU Alleskleber
- transparentes Nähgarn

RINGE
- Schachenmayr Catania in Türkis (Fb 146), Rest
- Anchor Arista in Türkis (Fb 312), Rest
- 2 Ringschienen mit Platte, ø 1,2 cm
- 2 Wachsperlen in Dunkelblau, ø 8 mm

HAARSPANGEN
- Schachenmayr Catania in Gelb (Fb 208), Pink (Fb 114), Apfelgrün (Fb 205) und Fuchsia (Fb 128), Reste
- 2 Haarspangen, 8 cm lang
- je 7 Glasschliffperlen, irisierend in Gelb bzw. Rot, ø 4 mm

ANSTECKBLUMEN
- Schachenmayr Catania in Hellgelb (Fb 204), Orange (Fb 189), Rot (Fb 115), Reste
- Schachenmayr Catania Color in Clown (Fb 82), Reste
- 2 Anstecknadeln, 3 cm lang
- 2 Swarovski®-Kristall-Blüten in Transparent, ø 6 mm

Pulswärmer und Stulpen

Pulswärmer

1 24 Luftmaschen mit Rosato und Nadel Nr. 4 anschlagen, mit einer Kettmasche zur Runde schließen und im Grundmuster wie folgt häkeln:
1.-11. Runde: je 24 Maschen häkeln
12. Runde (= Stäbchen-Runde): in jede 6. Masche je 2 Maschen in eine Einstichstelle häkeln = 28 Maschen
13.-17. Runde: je 28 Maschen häkeln

2 Danach den Faden abschneiden. Die 17. Runde bildet den oberen Rand.

3 Den oberen Rand mit einer Runde fester Maschen aus Brazilia behäkeln. Die Runde mit einer Kettmasche in die 1. feste Masche schließen und den Faden abschneiden.

Stulpen

1 41 Luftmaschen mit je einem Faden Rosato und Micro Fino und Nadel Nr. 5 anschlagen, mit einer Kettmasche zur Runde schließen und im Grundmuster häkeln. Nach der 38. Runde den Faden abschneiden.

2 Die obere und untere Kante mit je einer Runde fester Maschen aus Brazilia behäkeln. Die Runden mit einer Kettmasche in die 1. feste Masche schließen und den Faden abschneiden.

GRÖSSE
Pulswärmer ca. 15 cm Umfang, ca. 13,5 cm lang
Stulpen ca. 32 cm Umfang, ca. 33 cm hoch

MATERIAL PULSWÄRMER
- Schachenmayr Rosato in Rot (Fb 30), 50 g
- Schachenmayr Brazilia Lungo in Rot (Fb 230), Rest
- Häkelnadel Nr. 4

STULPEN
- Schachenmayr Rosato in Rot (Fb 30), 150 g
- Schachenmayr Micro Fino Color in Vulkan color (Fb 81), 100 g
- Schachenmayr Brazilia Lungo in Rot (Fb 230), Rest
- Häkelnadel Nr. 5

MASCHENPROBE
13 Maschen und 12 Runden mit je einem Faden Rosato und Micro Fino und Nadel Nr. 5 im Grundmuster gehäkelt = 10 cm x 10 cm

16 Maschen und 13 Runden mit Rosato und Nadel Nr. 4 im Grundmuster gehäkelt = 10 cm x 10 cm

GRUNDMUSTER
Abwechselnd 2 Runden feste Maschen und eine Runde Stäbchen häkeln. Die 1. feste Masche der festen Maschenrunden durch 2 Luftmaschen, das 1. Stäbchen der Stäbchenrunden durch 3 Luftmaschen ersetzen. Jede Runde mit einer Kettmasche in die oberste Luftmasche der entsprechenden Anfangsmasche schließen. Nach dem Anschlag mit 2 Reihen fester Maschen beginnen.

Lustige Farbspiele geben einem Häkelteil eine interessante Oberfläche. Es kann mit zwei oder mehreren verschiedenen Farben gehäkelt werden. Bei Streifen wechselt die Farbe am Anfang einer Reihe, bei Farbflächen innerhalb einer Reihe. Bei jedem Farbwechsel ist wichtig, dass die Farbübergänge gleichmäßig aussehen und dass vor allem bei Farbflächen keine Löcher beim Übergang von der alten zur neuen Farbe entstehen.

Farbwechsel bei festen Maschen und Stäbchen

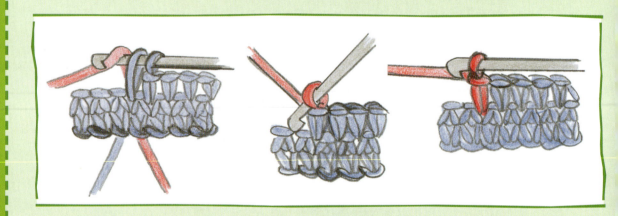

So geht's

1 Bei festen Maschen zuerst eine Schlinge in der bisherigen Farbe durchholen. Dann den Faden der neuen Farbe auf die Häkelnadel legen

2 und durch die beiden Schlingen auf der Nadel ziehen. An der oberen Kante haben die quer liegenden Schlingen die bisherige Farbe, die Schlinge auf der Nadel die neue Farbe.

3 Nun mit der neuen Farbe weiterhäkeln.

Wird bei Stäbchen die Farbe gewechselt, das letzte Stäbchen der bisherigen Farbe 1 x abhäkeln. Danach die restlichen beiden Schlingen mit der neuen Farbe abmaschen. Dann in der neuen Farbe weiterhäkeln.

4 Wird mit zwei oder mehr Farben gehäkelt, so werden die nicht in Arbeit befindlichen Farben am Rand oder auf der Rückseite hängen gelassen. Werden die Farben gebraucht, so wird der Faden der neuen Farbe locker an die Stelle, an der die Farbe angehäkelt werden soll, geführt und mit der neuen Farbe weitergehäkelt.
Der Farbwechsel wird in Reihen und Runden gleich gehäkelt.

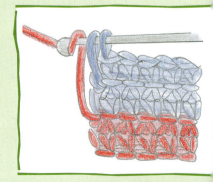

Kleine Henkeltasche

GRÖSSE
ca. 20 cm x 21,5 cm (ohne Henkel)

MATERIAL
- Schachenmayr Catania in Hellorange (Fb 209), 50 g
- Schachenmayr Brazilia Color in Jamaica (Fb 112), 50 g
- Häkelnadel Nr. 3
- 2 Bambus-Taschengriffe, ø 15 cm

MASCHENPROBE
20 Maschen und 24 Reihen in der Streifenfarbfolge im Grundmuster gehäkelt = 10 cm x 10 cm

GRUNDMUSTER
In Reihen feste Maschen häkeln. In der 1. Reihe die 1. feste Masche in die 2. Luftmasche von der Nadel aus arbeiten. Jede weitere Reihe mit einer zusätzlichen Luftmasche wenden.

Streifenfarbfolge
Abwechselnd je 4 Reihen mit Catania und Brazilia

Vorderseite

1 40 Luftmaschen + eine Wende-Luftmasche mit Catania anschlagen und die 1.-48. Reihe in der Streifenfarbfolge im Grundmuster häkeln.

2 Dann die 49.-58. Reihe noch mit Catania häkeln und danach den Faden abschneiden.

Fortsetzung auf Seite 46

Fortsetzung von Seite 59

Kirschkernsäckchen

GRÖSSE
ca. 20 x 32 cm (passend für Kirschkernsäckchen in einer Größe von ca. 15 cm x 20 cm bis 20 cm x 25 cm)

MATERIAL
- Schachenmayr Catania in Türkis (Fb 146), 150 g
- Schachenmayr Catania in Weiß (Fb 106), Hellgelb (Fb 204), Orange (Fb 189) und Rot (Fb 115), je 50 g
- Häkelnadel Nr. 4
- 2 Wackelaugen, ø 2 cm
- UHU Alleskleber

MASCHENPROBE
14 Maschen und 18 Reihen mit doppeltem Faden im Grundmuster gehäkelt = 10 cm x 10 cm

GRUNDMUSTER
In Reihen feste Maschen häkeln. In der 1. Reihe die 1. feste Masche in die 2. Luftmasche von der Nadel aus arbeiten. Jede weitere Reihe mit einer zusätzlichen Luftmasche wenden.

Rückseite

Die Rückseite wie die Vorderseite häkeln.

Fertig stellen

1 Den oberen Rand von Vorder- und Rückseite um die Taschengriffe legen und zwischen der 48. und 49. Reihe festnähen.

2 Vorder- und Rückseite aufeinander legen und an der linken Seite ca. 3,5 cm vom oberen Rand entfernt beginnend mit festen Maschen aus Catania zusammenhäkeln.

3 In den Ecken je 3 feste Maschen in eine Einstichstelle häkeln und die rechte Seite auf die Höhe der linken Seite schließen. Die oberen 3,5 cm bleiben für die Seitenschlitze offen.

Effektgarne mit Härchen werden nach dem Häkeln noch schöner, wenn du sie mit einer weichen Bürste aufbürstest.

Hinweis
Stets mit doppeltem Faden Catania häkeln.

Vorderseite

1 14 Luftmaschen + eine Wende-Luftmasche in Weiß anschlagen und im Grundmuster häkeln:
1. Reihe: 14 feste Maschen häkeln
2.-7. Reihe: beidseitig je 2 feste Maschen in eine Einstichstelle häkeln = 26 feste Maschen nach der 7. Reihe
8.-58. Reihe: je 28 feste Maschen häkeln, dabei ab der 11. Reihe in Türkis arbeiten. Außerdem für die Streifen die 19.-22. Reihe in Orange, die 25.-28. Reihe in Hellgelb und die 31.-34. Reihe in Rot häkeln.

2 Nach der 58. Reihe den Faden abschneiden.

Rückseite

Die Rückseite wie die Vorderseite häkeln.

Fertig stellen

1 Für den Mund 14 Luftmaschen + eine Wende-Luftmasche in Rot anschlagen und 2 Reihen im Grundmuster häkeln. Danach den Faden abschneiden. Die Schmalseiten zu einem Ring zusammennähen. Den Ring doppelt legen und in der Mitte zusammennähen.

2 Vorder- und Rückseite aufeinander legen und mit festen Maschen in Türkis zusammenhäkeln. Je ein Auge an die Vorder- und Rückseite kleben. Den Mund festnähen. Für den Verschluss vier türkisfarbene Fäden von ca. 1,60 m Länge zusammenlegen und zu einer Kordel von ca. 60 cm Länge drehen.

Wärmflaschenbezug

Streifenfarbfolge
Abwechselnd je 2 Reihen Hummer, Lachs und Rot

Vorderseite

1 28 Luftmaschen + eine Wende-Luftmasche in Rot anschlagen und im Grundmuster häkeln.
1. Reihe: 28 feste Maschen häkeln
2.-5. Reihe: beidseitig je 2 feste Maschen in eine Einstichstelle häkeln = 36 feste Maschen nach der 5. Reihe
6. Reihe: 36 feste Maschen häkeln
7.-54. Reihe: je 36 feste Maschen in der Streifenfarbfolge häkeln
55.-68. Reihe: je 36 feste Maschen in Rot häkeln.

2 Danach den Faden abschneiden.

Rückseite

Die Rückseite wie die Vorderseite häkeln.

Fertig stellen

1 Vorder- und Rückseite aufeinander legen und an den seitlichen Rändern und am unteren Rand zusammennähen.

2 Drei ca. 2 m lange rote Fäden zusammenlegen und zu einer Kordel von ca. 75 cm Länge drehen. Die Mitte der Kordel ca. 6 cm vom oberen Rand entfernt an eine Seitennaht nähen.

GRÖSSE
ca. 21 cm x 33 cm

MATERIAL
- Schachenmayr Rosato in Rot (Fb 33), 100 g
- Schachenmayr Rosato in Hummer (Fb 33) und Lachs (Fb 37), je 50 g
- Häkelnadel Nr. 4,5

MASCHENPROBE
17 Maschen und 21 Reihen in der Streifenfarbfolge im Grundmuster gehäkelt = 10 cm x 10 cm

GRUNDMUSTER
In Reihen feste Maschen häkeln. In der 1. Reihe die 1. feste Masche in die 2. Luftmasche von der Nadel aus arbeiten. Jede weitere Reihe mit einer zusätzlichen Luftmasche wenden.

Schirm-mütze

Hinweis
Stets mit doppeltem Faden Jazz häkeln.

Streifenfarbfolge
Je eine Runde orange, hellgrün, pink und hellgelb im Wechsel

1 Für die Mütze 2 Luftmaschen in Orange anschlagen und in Spiralrunden feste Masche häkeln:
1. Runde: 6 feste Maschen in die 2. Luftmasche von der Nadel aus.
In der Streifenfarbfolge weiterarbeiten.
2. Runde: in jede feste Masche 2 feste Maschen häkeln = 12 feste Maschen
3. Runde: in jede 2. feste Masche 2 feste Maschen häkeln = 18 feste Maschen
4.-17. Runde: in jeder Runde gleichmäßig verteilt über den gleichen Stellen 6 x je 2 feste Maschen in eine Einstichstelle häkeln = 102 feste Maschen nach der 17. Runde
18.-20. Runde: je 102 feste Maschen häkeln
21. Runde: jede 16. und 17. feste Masche zusammenhäkeln = 96 feste Maschen
22. Runde: jede 7. und 8. feste Masche zusammenhäkeln = 84 feste Maschen
23. Runde: jede 13. und 14. feste Masche zusammenhäkeln = 78 feste Maschen
24. und 25. Runde: in jeder Runde gleichmäßig verteilt über den gleichen Stellen 6 x je 2 feste Maschen zusammenhäkeln = 66 feste Maschen nach der 25. Runde
26.-28. Runde: je 66 feste Maschen in Orange häkeln.
Den Faden abschneiden.

2 Für den Schirm vom Rundenanfang 21 Maschen weiterzählen, an der 22. Masche den Faden in Grün anschlingen und in Reihen feste Maschen wie folgt häkeln:
1. Reihe: eine feste Masche, * 2 feste Maschen in eine Einstichstelle, je eine feste Masche in die folgenden 2 festen Maschen, ab * 6 x wiederholen, 2 feste Maschen in eine Einstichstelle, eine feste Masche = 32 feste Maschen. Diese und jede weitere Reihe mit einer zusätzlichen Luftmasche wenden.
2.-6. Reihe: beidseitig nacheinander 2 x je 2 feste Maschen zusammenhäkeln = 12 feste Maschen nach der 6. Reihe. Die 2. Reihe in Pink, die 3. Reihe in Gelb, die übrigen Reihen in Orange häkeln. Danach den Faden abschneiden. Den Schirm spannen, anfeuchten und trocknen lassen.

GRÖSSE
ca. 53 cm bis 55 cm Kopfumfang

MATERIAL
- Schachenmayr Jazz in Hellgelb (Fb 21), Orange (Fb 26), Pink (Fb 35) und Hellgrün (Fb 75), je 50 g
- Häkelnadel Nr. 4,5

64

FARBEN

Luftiges Top

Hinweis

Die Angaben für die Größe 146/152 stehen in Klammern. Ist nur eine Angabe gemacht, so gilt diese für beide Größen.

Das Muster ist sehr einfach zu häkeln, da jede Reihe immer mit einer festen Masche beginnt und mit einem Stäbchen endet. So kannst du das Muster leicht prüfen und Fehler schnell erkennen.

Vorderteil

1 Für den ersten weißen Streifen 62 (74) Luftmaschen + eine Wende-Luftmasche in Weiß anschlagen und 5 Reihen im Grundmuster häkeln. Danach den Faden abschneiden.

2 Das Häkelteil wenden und den ersten bunten Streifen häkeln. Für die erste Farbfläche den roten Faden an der 3. Masche anschlingen. Über die 3.-10. (3.-12.) Masche 7 (9) Reihen im Grundmuster häkeln. Danach den Faden abschneiden.

3 Die 2.-6. Farbfläche in der Farbfolge orange, hellgelb, grün, türkis und fuchsia über je 8 (10) Maschen genauso häkeln, dabei zwischen den einzelnen Farbflächen je 2 Maschen unbehäkelt stehen lassen. Am Ende der Reihe bleiben noch 2 Maschen übrig. Nun zuerst alle Fäden auf der Rückseite (hier liegt die Farbe fuchsia links) vernähen. Dies erleichtert das Weiterhäkeln.

4 Für den zweiten weißen Streifen 2 Luftmaschen anschlagen, dann die 8 (10) Maschen der ersten Farbfläche häkeln, * 2 Luftmaschen anschlagen, die 8 (10) Maschen der folgenden Farbfläche häkeln, ab * 4 x wiederholen, 2 Luftmaschen + eine Wende-Luftmasche anschlagen. Nun über die Luftmaschen und Maschen 5 Reihen im Grundmuster häkeln, dabei in der 1. Reihe die 1. feste Masche in die 2. Luftmasche von der Nadel aus häkeln = 62 (74) Maschen. Danach den Faden abschneiden.

5 Den zweiten bunten Streifen wie beim ersten bunten Streifen beschrieben häkeln.

6 Den dritten weißen Streifen wie beim zweiten weißen Streifen beschrieben häkeln, jedoch 16 (18) Reihen arbeiten.

7 Danach für die Armausschitte 6 (8) x in jeder Reihe am Beginn der Reihe in die ersten 3 Maschen je eine feste Masche arbeiten und gleichzeitig zusammenhäkeln. Am Ende der Reihe in die letzten 3 Maschen je ein Stäbchen arbeiten und gleichzeitig zusammenhäkeln = 38 (42) Maschen nach der letzten Abnahme. Nun noch 6 Reihen über je 38 (42) Maschen im Grundmuster weiterhäkeln und zuletzt eine Reihe Kettmaschen arbeiten. Danach den Faden abschneiden.

Rückenteil

Das Rückenteil wie das Vorderteil häkeln.

Fertig stellen

1 Vorder- und Rückenteil spannen, anfeuchten und trocknen lassen. Die weißen Streifen an den seitlichen Rändern flach zusammennähen.

2 Für die Träger vier Kordeln von je ca. 25 cm Länge wie folgt anfertigen: Pro Kordel je zwei Fäden von ca. 80 cm Länge in Rot, Orange, Hellgelb, Grün, Türkis und Fuchsia zusammenlegen und zu einer dicken Kordel drehen. Die Kordeln in den Ecken von Vorder- und Rückenteil von vorne nach hinten einziehen und festnähen, sodass die Knoten auf den Vorderseiten liegen.

GRÖSSE

128/134 (146/152)

MATERIAL

- Schachenmayr Catania in Weiß (Fb 106), 100 g (150 g)
- Schachenmayr Catania in Hellgelb (Fb 204), Rot (Fb 115), Orange (Fb 189), Türkis (Fb 146), Grün (Fb 170) und Fuchsia (Fb 128), je 50 g
- Häkelnadel Nr. 3,5

MASCHENPROBE

19 Maschen und 15 Reihen im Grundmuster gehäkelt = 10 cm x 10 cm

GRUNDMUSTER

Maschenzahl teilbar durch 2 Maschen (= gerade Maschenzahl) + eine Wende-Luftmasche. Auf eine Luftmaschen-Kette wie folgt häkeln: **1. Reihe:** eine feste Masche, ein Stäbchen im Wechsel häkeln, dabei die 1. feste Masche in die 2. Luftmasche von der Nadel aus arbeiten. Die Reihe endet mit einem Stäbchen. Die Reihe mit einer zusätzlichen Luftmasche wenden. **2. Reihe:** eine feste Masche, ein Stäbchen im Wechsel häkeln, dabei wird die feste Masche in das Stäbchen, das Stäbchen in die feste Masche der Vor-Reihe gehäkelt. Die Reihe mit einer zusätzlichen Luftmasche wenden. Die 2. Reihe stets wiederholen.

SCHNITT SEITE 80

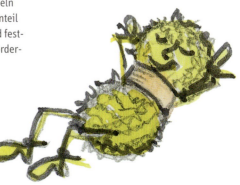

Tolle Dosen

Dose in Rot/Orange-Tönen

Streifenfarbfolge
Je eine Reihe rot, pink und orange

1 Für das Dosenunterteil 2 Luftmaschen in Orange anschlagen und in Spiralrunden wie folgt häkeln:
1. Runde: 7 feste Maschen in die 2. Luftmasche von der Nadel aus
2. Runde: in jede feste Masche 2 feste Maschen häkeln = 14 feste Maschen
3. Runde: in jede 2. feste Masche 2 feste Maschen häkeln = 21 feste Maschen.
Nun in der Streifenfarbfolge weiterhäkeln
4.-8. Runde: in jeder Runde gleichmäßig verteilt über den gleichen Stellen 7 x je 2 feste Maschen in eine Einstichstelle häkeln = 56 Maschen nach der 8. Runde
9.-21. Runde: je 56 feste Maschen häkeln, dabei in der 9. Runde nur in das hintere Maschenglied einstechen.

2 Den Faden abschneiden.

3 Für den Deckel 2 Luftmaschen in Orange anschlagen und in Spiralrunden wie folgt häkeln:
1. Runde: 6 feste Maschen in die 2. Luftmasche von der Nadel aus
2. Runde: in jede feste Masche 2 feste Maschen häkeln = 12 feste Maschen
3. Runde: in jede 2. feste Masche 2 feste Maschen häkeln = 18 feste Maschen.
Nun in der Streifenfarbfolge weiterhäkeln
4.-10. Runde: in jeder Runde gleichmäßig verteilt über den gleichen Stellen 6 x je 2 feste Maschen in eine Einstichstelle häkeln = 60 Maschen nach der 10. Runde
11. Runde: 60 feste Maschen häkeln.

4 Den Faden abschneiden.

5 Für die Deckelmitte eine ca. 4 cm große Quaste in Rot/Pink anfertigen auf aufnähen.

Dose in Blau/Grün-Tönen

Streifenfarbfolge
Je 2 Reihen türkis, dunkelblau und grün

1 Für das Dosenunterteil 2 Luftmaschen in Grün anschlagen und die 1.-7. Runde wie bei der Dose in Rot/Orange-Tönen beschrieben häkeln = 49 feste Maschen nach der 7. Runde. Danach in der **8.-27. Runde** je 49 feste Maschen häkeln, jedoch in der 8. Runde nur in das hintere Maschenglied einstechen. Außerdem ab der **10. Runde** in der Streifenfarbfolge häkeln. Danach den Faden abschneiden.

2 Für den Deckel 2 Luftmaschen in Grün anschlagen und wie bei der Dose in Rot/Orange beschrieben häkeln, jedoch die **1.-5. Runde** in Grün, die **6.-11. Runde** in der Streifenfarbfolge häkeln. Danach den Faden abschneiden.

3 Zuletzt eine Quaste von ca. 4 cm Länge in Türkis/Dunkelblau anfertigen und auf die Deckelmitte nähen.

GRÖSSE
Dose in Rot/Orange-Tönen
ca. ø 9 cm, ca. 9 cm hoch
Dose in Blau/Grün-Tönen
ca. ø 8 cm, ca. 11 cm hoch

MATERIAL
- Häkelnadel Nr. 3,5
- feste Pappe, ca. 4 cm x 6 cm

DOSE IN ROT/ORANGE-TÖNEN
- Schachenmayr Jazz in Rot (Fb 30), Orange (Fb 26) und Pink (Fb 35), je 50 g

DOSE IN BLAU/GRÜN-TÖNEN
- Schachenmayr Jazz in Türkis (Fb 65), Grün (Fb 72) und Dunkelblau (Fb 51), je 50 g

---

Bei der Anfertigung der Quaste ist es einfacher, die Quaste etwas größer zu wickeln (z.B. 6 cm Länge). Dadurch kannst du die Quaste besser fassen, was das Arbeiten erleichtert. Nach dem Abbinden des Quastenkopfes kannst du die Fransen der Quaste auf die entsprechende Länge zurückschneiden.

Kunterbunte Raupe

GRÖSSE
ca. 58 cm lang

MATERIAL
- Schachenmayr Micro in Orange (Fb 24), Rot (Fb 30), Pink (Fb 34), Helltürkis (Fb 64), Dunkelblau (Fb 51) und Gelbgrün (Fb 75), je 50 g
- Häkelnadel Nr. 4
- 2 Wackelaugen, ø 1,2 cm
- Füllwatte
- UHU Alleskleber

Kopf

1 Am Kopf beginnen. 2 Luftmaschen in Gelbgrün anschlagen und in Spiralrunden feste Maschen häkeln:
1. Runde: 6 feste Maschen in die 2. Luftmasche von der Nadel aus
2. Runde: in jede feste Masche 2 feste Maschen häkeln = 12 feste Maschen
3. Runde: 12 feste Maschen häkeln
4. Runde: in jede 2. feste Masche 2 feste Maschen häkeln = 18 feste Maschen
5. und 6. Runde: je 18 feste Maschen häkeln
7. Runde: in jede feste Masche 2 feste Maschen häkeln = 36 feste Maschen
8. Runde: 36 feste Maschen häkeln
9. Runde: in jede 3. feste Masche 2 feste Maschen häkeln = 48 feste Maschen
10.-20. Runde: je 48 feste Maschen
21. Runde: jede 3. und 4. feste Masche zusammenhäkeln = 36 feste Maschen
22. Runde: 36 feste Maschen häkeln
23. Runde: 18 x je 2 feste Maschen zusammenhäkeln = 18 feste Maschen
24. Runde: 18 feste Maschen häkeln

Körper

1 Nun die fünf bunten Kugeln für den Körper häkeln. Pro Kugel den Faden in der entsprechenden Farbe anschlingen und die 7.-24. Runde wie beim Kopf beschrieben häkeln.

2 Die erste Kugel in Dunkelblau arbeiten.

3 Nach Beenden der dunkelblauen Kugel zuerst nur den Kopf fest ausstopfen und die zweite Kugel in Pink arbeiten. Ist die pinkfarbene Kugel beendet, die dunkelblaue Kugel fest stopfen. Die dritte bis fünfte Kugel nacheinander in Orange, Rot und Türkis genauso häkeln und die jeweils vorhergehende Kugel stopfen. Nach der fünften Kugel sind insgesamt 114 Runden gehäkelt.

4 Für den Schwanz zuerst noch eine Kugel in Gelbgrün häkeln. Ist die gelbgrüne Kugel beendet, die türkisfarbene und die gelbgrüne Kugel fest stopfen. Es sind insgesamt 132 Runden gehäkelt. Nun noch 6 Runden von je 18 festen Maschen häkeln und in einer letzten Runde 9 x je 2 feste Maschen zusammenhäkeln = 9 feste Maschen.

5 Danach den Faden abschneiden, den Schwanz nachstopfen und die Maschen zusammenziehen.

Hörnchen (2 x häkeln)

1 2 Luftmaschen in Gelbgrün anschlagen und in Spiralrunden feste Maschen häkeln:
1. Runde: 8 feste Maschen in die 2. Luftmasche von der Nadel aus
2. Runde: in jede feste Masche 2 feste Maschen häkeln = 16 feste Maschen
3.-6. Runde: je 16 feste Maschen häkeln
7. Runde: jede 3. und 4. feste Masche zusammenhäkeln = 12 feste Maschen
8.-12. Runde: je 12 feste Maschen häkeln.

2 Danach den Faden abschneiden.

Knöpfe

1 Pro Knopf 2 Luftmaschen in der entsprechenden Farbe anschlagen und die 1. und 2. Runde wie bei den Hörnchen beschrieben häkeln. Die 2. Runde mit einer Kettmasche in die 1. feste Masche schließen.

2 Danach den Faden abschneiden. Je einen Knopf in den Farben des Körpers häkeln.

Fertig stellen

Die Hörnchen ausstopfen und an den Kopf nähen. Für den Mund eine Luftmaschen-Kette von 14 Luftmaschen in Rot häkeln. Anfangs- und Endfaden kurz abschneiden. Mund und Augen ankleben. Die Knöpfe mit gelbgrünen Fäden an die Kugeln des Körpers knoten. Die Knoten jeweils mit einem Tropfen Klebstoff sichern.

Die Raupe lässt sich wunderbar als Nackenrolle verwenden, da sie durch die Kugeln sehr biegsam ist.

Um sehr stabile Formen zu bekommen, können kleinere Styroporformen in das Häkelteil eingehäkelt werden. Wichtig dabei ist, dass die Formen nicht zu groß sind und dadurch unhandlich werden. Es wird in der Regel in Runden gehäkelt, sodass nach dem Häkeln die Form rundum eingeschlossen ist, ohne dass eine Naht sichtbar ist.

Weihnachtskugeln

Anleitung Seite 72

Formen einhäkeln

So geht's

Die Form vor dem Beginn der Abnahmen in das Häkelteil einlegen. Danach in Runden weiterhäkeln, bis die gesamte Form eingehäkelt ist. Beim Einstechen die Häkelnadel schräg an der Form vorbeiführen und den Faden durchholen.

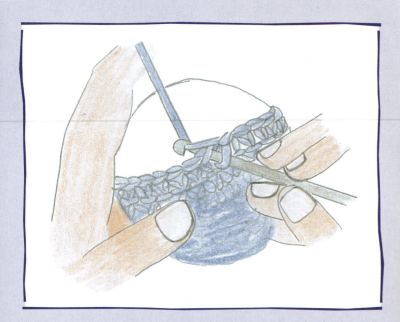

Weihnachtskugeln

Große Kugel (3 x häkeln)

1 Pro Kugel 2 Luftmaschen in Rot anschlagen und in Spiralrunden feste Maschen häkeln. Den Rundenanfang mit einem Kontrastfaden markieren.
1. Runde: 7 feste Maschen in die 2. Luftmasche von der Nadel aus
2. Runde: in jede feste Masche 2 feste Maschen häkeln = 14 feste Maschen
3. Runde: in jede 2. feste Masche 2 feste Maschen häkeln = 21 feste Maschen
4.-9. Runde: in jeder ungeraden Runde gleichmäßig verteilt über den gleichen Stellen 7 x je 2 feste Maschen in eine Einstichstelle häkeln = 42 feste Maschen nach der 9. Runde
10.-16. Runde: je 42 feste Maschen häkeln.

2 Nun die große Styroporkugel in das Häkelteil einlegen und die Abnahmen wie folgt ausführen:
17. Runde: jede 5. und 6. feste Masche zusammenhäkeln = 35 feste Maschen
18.-21. Runde: in jeder ungeraden Runde gleichmäßig verteilt über den gleichen Stellen 7 x je 2 feste Maschen zusammenhäkeln = 21 feste Maschen nach der 21. Runde
22. Runde: jede 2. und 3. feste Masche zusammenhäkeln = 14 feste Maschen
23. Runde: 7 x je 2 feste Maschen zusammenhäkeln = 7 feste Maschen.

3 Danach den Faden abschneiden.

Mittelgroße Kugel
(3 x weiß und 3 x hummer häkeln)

1 Pro Kugel 2 Luftmaschen in der entsprechenden Farbe anschlagen
1.-7. Runde: wie bei der großen Kugel beschrieben häkeln = 35 feste Maschen
8.-14. Runde: je 35 feste Maschen häkeln.

2 Nun die mittelgroße Styroporkugel in das Häkelteil einlegen und die Abnahmen wie folgt ausführen:
15. Runde: jede 4. und 5. feste Masche zusammenhäkeln = 28 feste Maschen
16. Runde: 28 feste Maschen häkeln
17. und 18. Runde: in jeder Runde gleichmäßig verteilt über den gleichen Stellen 7 x je 2 feste Maschen zusammenhäkeln = 14 feste Maschen nach der 18. Runde
19. Runde: 7 x je 2 feste Maschen zusammenhäkeln = 7 feste Maschen.

3 Danach den Faden abschneiden.

Kleine Kugel (3 x häkeln)

1 Pro Kugel 2 Luftmaschen in Lachs anschlagen
1.-5. Runde: wie bei der großen Kugel beschrieben häkeln = 28 feste Maschen
6.-13. Runde: je 28 feste Maschen häkeln.

2 Nun die kleine Styroporkugel in das Häkelteil einlegen und die Abnahmen wie folgt ausführen:
14. Runde: jede 3. und 4. feste Masche zusammenhäkeln = 21 feste Maschen
15. Runde: jede 2. und 3. feste Masche zusammenhäkeln = 14 feste Maschen
16. Runde: 7 x je 2 feste Maschen zusammenhäkeln = 7 feste Maschen.

3 Danach den Faden abschneiden.

GRÖSSE
kleine Kugel ø ca. 6 cm
mittelgroße Kugel ø ca. 7 cm
große Kugel ø ca. 8 cm

MATERIAL FÜR ALLE KUGELN
- Schachenmayr Rosato in Weiß (Fb 01), Lachs (Fb 37), Hummer (Fb 33) und Rot (Fb 30), je 50 g
- Häkelnadel Nr. 3,5
- je 3 Styroporkugeln, ø 7 cm und 5 cm
- 6 Styroporkugeln, ø 6 cm
- Stern-Pailletten in Gold und Silber, ø 8 mm
- Rocailles mit Silbereinzug in Gold, ø 2,6 mm
- Rocailles, gelüstert in Weiß, ø 2,6 mm
- Glasschliffperlen, irisierend in Transparent, ø 4 mm
- Wachsperlen in Weiß, ø 4 mm
- Kordel in Gold und Silber, ø 1,5 mm, je 3 m lang
- transparentes Nähgarn

Fertig stellen

1 Die Kugeln gleichmäßig verstreut wie folgt besticken: die großen Kugeln mit goldfarbenen Stern-Pailletten und goldfarbenen Rocailles, die weißen Kugeln mit Glasschliffperlen und silberfarbenen Stern-Pailletten, die hummerfarbenen Kugeln mit weißen Rocailles und silberfarbenen Stern-Pailletten, die kleinen Kugeln mit Wachsperlen und goldfarbenen Stern-Pailletten.

2 Die Kordeln zu je sechs Stücken von ca. 50 cm Länge schneiden. Die goldfarbenen Kordeln an den roten und lachsfarbenen Kugeln, die silberfarbenen Kordeln an den weißen und hummerfarbenen Kugeln befestigen.

Die Kugeln sehen an einem Weihnachtsbaum kuschelig schön aus. Du kannst aber auch einzelne Kugeln z.B. in ein Fenster dekorieren oder an einem Zweig von der Decke hängen lassen. Wenn du die Kugeln lieber einheitlicher haben möchtest, kannst du alle drei Kugelgrößen auch nur in einer Farbe häkeln.

Knöpfe überziehen

Knöpfe können manchmal eine effektvolle Ergänzung zu einem gehäkelten Modell sein oder als witziges Einzelstück sehr dekorativ wirken. Wie einfach sich tolle Schmuckstücke zaubern lassen, zeigen die Beispiele hier. Überzogene Knöpfe kannst du z. B. als Zierknöpfe benutzen. Sie können einzeln auf Taschen oder Kissen genäht werden. Sie schmücken Haarbänder oder Mützen genauso wie die Hosentaschen deiner Jeans. Gut geeignet sind große Knöpfe. Solltest du keine Knöpfe haben, so findest du in Kurzwaren- oder Stoffgeschäften eine große Auswahl. Sehr oft kannst du aber auch noch in Omas Nähkästchen auf Schatzsuche gehen und tolle, geeignete Knöpfe finden. Bei den einzelnen Knöpfen sind die Maße der „Knopf-Rohlinge", die überzogen werden sollen, angegeben, sodass du leichter mit vergleichbaren Knöpfen arbeiten kannst.

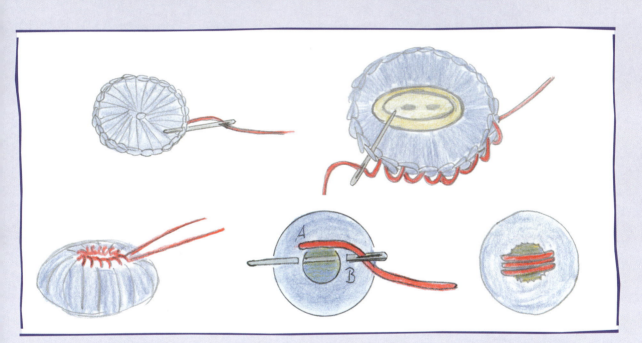

So geht's

1 Zuerst wird in Runden ein flacher Kreis gehäkelt. Der Durchmesser des fertigen Häkelkreises sollte so groß sein, dass er über den Knopf passt und noch ein bis zwei Runden tief auf die Rückseite des Knopfes reicht. Danach den Arbeitsfaden so abschneiden, dass ein langer Faden stehen bleibt.

2 Den Arbeitsfaden mit einer dicken Wollnadel um die oberen Maschenglieder der Randmaschen schlingen, dabei von außen nach innen einstechen. Sind rundum alle Maschen gefasst, den Knopf in die Mitte einlegen.

3 Die Maschen mit dem Arbeitsfaden um den Knopf zusammenziehen. Hat der Knopf auf der Rückseite eine Öse, so kann er damit angenäht werden. Bei Knöpfen ohne Öse muss zum Annähen noch ein Steg gearbeitet werden.

4 Nach dem Zusammenziehen der Randmaschen auf der gegenüber liegenden Seite B einstechen, wieder zum Ausgangspunkt A zurückgehen und ausstechen. Den Faden so anziehen, dass über der Öffnung ein gespannter Steg liegt.

5 Diesen Vorgang noch zweimal wiederholen und dann den Faden vernähen und abschneiden.

MATERIAL
- Schachenmayr Micro Fino, Reste für den grün-melierten Knopf in Botanik color (Fb 83) und Rot (Fb 30)
  für den bunt-melierten Knopf in Summer color (Fb 80)
  für den blauen Knopf in Dunkelblau (Fb 52)
  für den pinkfarbenen Knopf in Pink (Fb 36)
  für den orangefarbenen Knopf in Orange (Fb 24)
- Häkelnadel Nr. 2,5
- Holzperle in Maisgelb, ø 1,2 cm (blauer Knopf)
- Rocailles, transparent gelüstert in Orange, ø 2,6 mm (pinkfarbener Knopf)
- Cats'eye Splitter in Grün (orangefarbener Knopf)
- passende Knöpfe zum Einhäkeln
- transparentes Nähgarn
- UHU Alleskleber

Knöpfe

Achtung!
Alle Knöpfe werden in Spiralrunden gehäkelt. Zuerst 2 Luftmaschen in der entsprechenden Farbe anschlagen und in der 1. Reihe die entsprechende Anzahl feste Maschen in die 2. Luftmasche von der Nadel aus arbeiten. Den Rundenanfang mit einem Kontrastfaden markieren. Die letzte Runde stets mit einer Kettmasche in die 1. feste Masche schließen.

Grün-melierter Knopf
Dieser Knopf hat eine Größe von ø ca. 3,5 cm und ist sehr flach.

1 1. Runde: 7 feste Maschen häkeln
2. Runde: in jede feste Masche 2 feste Maschen häkeln = 14 feste Maschen
3. Runde: in jede 2. feste Masche 2 feste Maschen häkeln = 21 feste Maschen
4. und 5. Runde: in jeder Runde gleichmäßig verteilt über den gleichen Stellen 7 x je 2 feste Maschen in eine Einstichstelle häkeln = 35 feste Maschen
6.-8. Runde: je 35 feste Maschen. Den Arbeitsfaden ca. 35 cm lang abschneiden.

2 Nun die Maschen mit dem Arbeitsfaden auffassen, den Knopf auf die Häkelscheibe legen und die Maschen um den Knopf zusammenziehen. Auf der Rückseite bleibt eine Öffnung von ca. ø 1 cm offen. Mit dem Arbeitsfaden über die Öffnung einen Steg arbeiten und den Faden vernähen. Ein ca. 15 cm langes Stück roten Faden von vorne nach hinten und von hinten nach vorne durch die Ösen des Knopfes ziehen und an der Vorderseite verknoten. Den Knoten mit einem Tropfen Klebstoff sichern.

Pinkfarbener Knopf
Dieser Knopf hat eine Größe von ø ca. 3 cm, ist sehr flach und hat auf der Rückseite eine Öse.

1 1.-6. Runde: wie beim blauen Knopf beschrieben häkeln.

2 Den Arbeitsfaden, wie beim grün-melierten Knopf beschrieben, abschneiden und die Maschen um den Knopf zusammenziehen.

3 Die Rocailles gleichmäßig verstreut auf die Vorderseite nähen.

Orangefarbener Knopf
Dieser Knopf hat eine Größe von ø ca. 2,2 cm und ist flach.

1 1.-3. Runde: wie beim grün-melierten Knopf beschrieben häkeln = 21 feste Maschen nach der 3. Runde
4.-5. Runde: je 21 feste Maschen häkeln.

2 Den Arbeitsfaden, wie beim grün-melierten Knopf beschrieben, abschneiden. Die Maschen um den Knopf zusammenziehen und an der Rückseite einen Steg arbeiten. In der Mitte der Vorderseite den Cats'eye Splitter festnähen.

Bunt-melierter Knopf
Dieser Knopf ist kugelig, hat eine Größe von ø ca. 2 cm und ist ca. 1 cm hoch. Auf der Rückseite hat er eine Öse.

1 1. Runde: 8 feste Maschen häkeln
2. Runde: in jede feste Masche 2 feste Maschen häkeln = 16 feste Maschen
3. Runde: in jede 2. feste Masche 2 feste Maschen häkeln = 24 feste Maschen
4.-5. Runde: je 24 feste Maschen häkeln.

2 Den Arbeitsfaden, wie beim grün-melierten Knopf beschrieben, abschneiden und die Maschen um den Knopf zusammenziehen.

Blauer Knopf
Dieser Knopf ist sehr kompakt und hat eine Größe von ø ca. 3 cm. Die vier Ösen liegen in einer Vertiefung.

1 1.-4. Runde: wie beim grün-melierten Knopf beschrieben häkeln = 28 feste Maschen
5.-6. Runde: je 28 feste Maschen häkeln.

2 Den Arbeitsfaden, wie beim grün-melierten Knopf beschrieben, abschneiden, die Maschen um den Knopf zusammenziehen und an der Rückseite einen Steg arbeiten.

3 Die Holzperle auf die Vorderseite nähen, dabei den Faden fest anziehen, sodass die Perle in die Vertiefung rutscht.

Knöpfe selbst häkeln
Kleine runde kugelige Häkelknöpfe lassen sich sehr einfach anfertigen. Mit einer Wolle nach Wahl und einer Häkelnadel passender Stärke 2 Luftmaschen anschlagen und in Spiralrunden wie folgt häkeln:
1. Runde: 6 feste Maschen in die 2. Luftmasche von der Nadel aus
2. Runde: in jede feste Masche 2 feste Maschen häkeln = 12 feste Maschen
3. Runde: 12 feste Maschen häkeln
4. Runde: jede 2. und 3. feste Masche zusammenhäkeln = 6 feste Maschen.
Den Knopf mit der gleichen Wolle ausstopfen
5. Runde: 3 feste Maschen, dabei zwischen den Maschen je eine feste Masche unbehäkelt stehen lassen. Faden abschneiden und Knopf annähen.

Jede Häkelarbeit muss am Ende fertig gestellt werden. Zur Ausarbeitung gehört alles, was an zusätzlichen Arbeitsschritten notwendig ist, damit das gehäkelte Wunschmodell verwendet werden kann. Das kann bei sehr einfachen Modellen nur das Vernähen der Fäden sein. Sind mehrere Teile gehäkelt, werden die Teile zusammengehäkelt oder zusammengenäht. Manchmal müssen Knöpfe oder Druckknöpfe aufgenäht werden. Zusätzlich können Modelle noch verziert werden, indem z.B. Ränder mit Effektgarnen behäkelt oder Perlen aufgestickt werden.

Häkelteile beenden

Fäden vernähen

Alle Anfangs- und Endfäden jeweils auf der Rückseite mit einer dicken Wollnadel auf eine Länge von ca. 3 cm bis 4 cm in die Maschen einziehen. Die überstehenden Fadenenden abschneiden.

Faden anschlingen

So geht's

1 Den Faden an der Stelle, an der mit dem Behäkeln begonnen werden soll, von hinten nach vorne durch eine Masche ziehen. Dann noch eine Luftmasche häkeln. Dadurch wird der Faden an der entsprechenden Stelle fixiert.

2 Nun über die Maschen der zu behäkelnden Ränder feste Maschen oder laut Abbildung Kettmaschen häkeln.

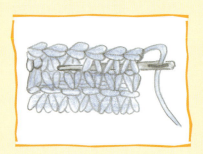

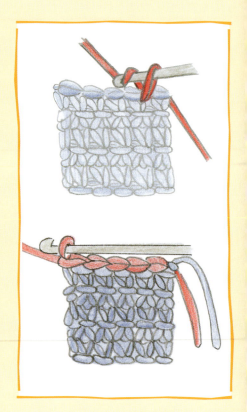

Ränder behäkeln

Ränder werden stabiler, wenn sie zusätzlich noch mit Kettmaschen oder festen Maschen behäkelt werden. Besonders hübsch sieht es aus, wenn dafür ein Garn mit einem besonderen Effekt oder in einer Kontrastfarbe verwendet wird.

Die oberen und unteren Ränder eines Häkelteiles lassen sich leicht behäkeln, da in jede Masche der Reihe eingestochen werden kann. Die seitlichen Ränder sind schwieriger zu behäkeln. Wenn die Maschen zu dicht nacheinander gehäkelt werden, wellt sich der Rand, wenn die Abstände zwischen den Maschen zu groß sind, zieht er sich zusammen. Mit ein bisschen Übung findest du die richtigen Maschenabstände.

Häkelteile verbinden

Zusammenhäkeln

Beim Zusammenhäkeln entsteht die „Naht" als eine plastische Kante auf der sichtbaren Außenseite. Die Häkelteile so aufeinander legen, dass die linken Seiten oder Rückseiten eines Häkelteiles innen liegen. Das ist dann besonders wichtig, wenn Muster gehäkelt oder wenn mehrere Farben verwendet wurden. Dann können z. B. gespannte Fäden auf der Rückseite liegen.

So geht's

1 Zuerst den Faden an der entsprechenden Stelle anschlingen, dabei durch beide Häkelteile stechen.

2 Dann über die Ränder feste Maschen häkeln, dabei immer beide Häkelteile fassen. Muss über Ecken gehäkelt werden, für die Eckrundungen 3 feste Maschen in eine Einstichstelle häkeln.

Zusammennähen

Beim Zusammennähen muss darauf geachtet werden, dass die Häkelteile genau zueinander passen. Dies ist dann besonders wichtig, wenn z. B. Farbstreifen an den Nähten aufeinander treffen. Die Naht sollte möglichst unsichtbar sein, sodass keine störenden Unterbrechungen sichtbar sind. Die zu verbindenden Häkelteile flach aneinander legen und mit so genannten Überwendlingstichen gleichmäßig zusammennähen.

So geht's

1 Liegen zwei obere oder untere Kanten zueinander, werden je zwei gegenüber liegende Maschen zusammengenäht. Hierfür von oben nach unten jeweils in das hintere Maschenglied einstechen und den Faden durchziehen. Danach zu den nächsten Maschen weiter gehen.

2 Liegen zwei seitliche Kanten zueinander, werden die Maschen jeder Reihe mit Überwendlingstichen verbunden.

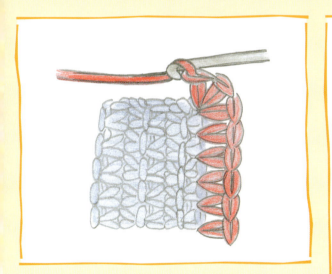

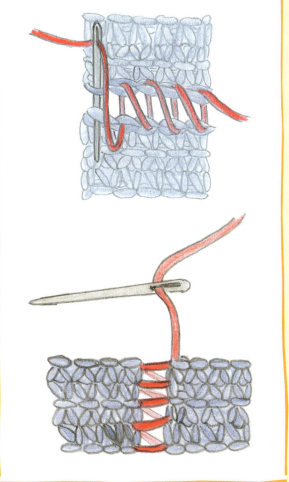

Verschlüsse und Verzierungen

Knöpfe annähen

So geht's

1 Den Faden auf der Rückseite des Häkelteiles annähen. Den Knopf an der entsprechenden Stelle auf das Häkelteil legen. Nun zuerst von innen durch die erste Öse nach außen und über den Knopfsteg durch die zweite Öse wieder zurück nach innen stechen. Um den Knopfsteg liegt eine Schlinge. Den Faden nicht zu fest anziehen, sodass zwischen Knopf und Häkelteil ein kleiner Abstand entsteht. Das ist wichtig, weil im geschlossenen Zustand unter dem Knopf noch Platz für die Knopflochseite bleiben muss. Diesen Vorgang noch drei- bis viermal wiederholen.

2 Nach der letzten Schlinge zwischen Häkelteil und Knopf ausstechen und die Fäden unter dem Knopf mehrere Male fest umwickeln. Danach wieder nach innen stechen und den Faden vernähen.

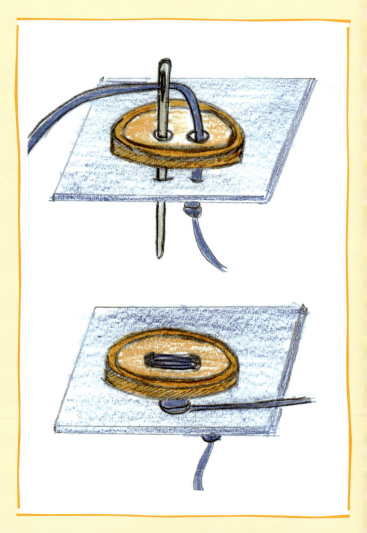

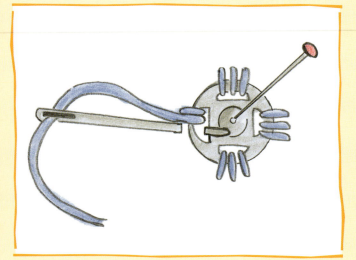

Druckknöpfe annähen

Druckknöpfe haben den Vorteil, dass sie als Verschluss unsichtbar bleiben. Ein Druckknopf besteht aus zwei kleinen, runden Metallteilen, von denen eines dick und mit einer Vertiefung, das andere flach und mit einem passenden Kopf versehen ist. Sie werden an gegenüberliegenden Seiten festgenäht, die zum Verschließen aufeinander gelegt werden. Das flache Teil liegt auf der Vorderseite der unteren Seite, das dicke Teil liegt auf der Rückseite der oberen Seite.

Die Teile des Druckknopfes mit einer Stecknadel jeweils an der entsprechenden Stelle fixieren und mit Überwendlingstichen an allen vier Seiten festnähen.

Perlen aufnähen

So geht's

1 An der entsprechenden Stelle A ausstechen, den Faden durchziehen und eine Perle auffädeln.

2 Die Perle ganz nach A schieben. Nun in einem kleinen Abstand bei B wieder einstechen und den Faden anziehen, sodass die Perle fest auf der Oberfläche sitzt.

3 Nun an der nächsten Stelle C wieder ausstechen und eine weitere Perle aufnähen. Auf der Rückseite den Faden locker spannen.

Achtung!
Der Abstand von A nach B richtet sich nach der Größe der Perle. Sind die Perlen sehr groß, muss der Abstand entsprechend vergrößert werden, damit die Perle schön auf der Oberfläche liegt.

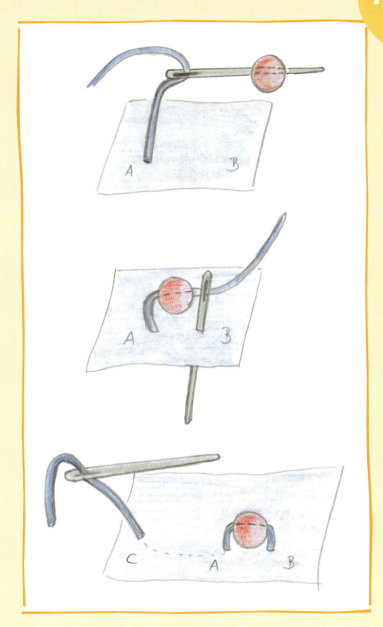

Beim Aufnähen von Pailletten zuerst aus der Mitte ausstechen und rechts neben der Paillette wieder einstechen. Dann noch einmal aus der Mitte ausstechen und links neben der Paillette wieder einstechen.

Durch diese beiden Stiche bleibt die Paillette flach liegen.

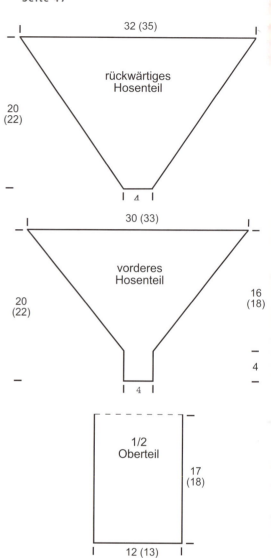

Bikini
Seite 47

Blümchen-Gardine
Seite 32/33

Luftiges Top
Seite 64

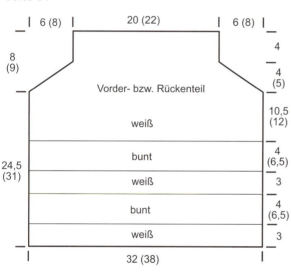

IDEE UND MODELLE: Beate Hilbig
KONZEPT UND LEKTORAT: Susanne Stegbauer
LAYOUT: Petra Theilfarth
ZEICHNUNGEN: Kathja Herrenknecht
FOTOS: frechverlag GmbH, 70499 Stuttgart; Fotostudio Ullrich & Co., Renningen
DRUCK UND BINDUNG: Finidr s.r.o., Cesky Tesin, Tschechische Republik

Wir danken der Firma Coats für die Unterstützung bei diesem Buch: Coats GmbH Kenzingen
www.coatsgmbh.de

Materialangaben und Arbeitshinweise in diesem Buch wurden von der Autorin und den Mitarbeitern des Verlags sorgfältig geprüft. Eine Garantie wird jedoch nicht übernommen. Autorin und Verlag können für eventuell auftretende Fehler oder Schäden nicht haftbar gemacht werden. Das Werk und die darin gezeigten Modelle sind urheberrechtlich geschützt. Die Vervielfältigung und Verbreitung ist, außer für private, nicht kommerzielle Zwecke, untersagt und wird zivil- und strafrechtlich verfolgt. Dies gilt insbesondere für eine Verbreitung des Werkes durch Fotokopien, Film, Funk und Fernsehen, elektronische Medien und Internet sowie für eine gewerbliche Nutzung der gezeigten Modelle. Bei Verwendung im Unterricht und in Kursen ist auf dieses Buch hinzuweisen.

Auflage:	5.	4.	3.	2.	1.	
Jahr:	2009	2008	2007	2006	2005	[Letzte Zahlen maßgebend]

© 2005 frechverlag GmbH, 70499 Stuttgart

ISBN 3-7724-6553-6
Best.-Nr. 6553

Der Buchtipp *für dich*

www.frechverlag.de

TOPP 6552
ISBN 3-7724-6552-8